公務員試験

独　学

で

合格する人の

勉強法

2026
年度版

実務教育出版

JN087452

はじめに

　本書は，これから公務員を目指そうとする人に，合格までの確実なルートを示すことを目的としたものです。

　公務員という仕事に興味を持った人にとって，最初に大きな壁になっているのは，「どう勉強すればベストなのかがよくわからない」ということでしょう。公務員試験は，試験の種類が多く，試験科目も半端な数ではない上に競争も厳しそうなど，次々に困難な要素ばかりが目についてくるかもしれません。

　「やはり予備校に行かないとダメなのか…」

　しかし，公務員試験は予備校に行かなくても確実に突破することができる試験です。なぜなら，試験突破の方法がすでに多くの合格者によって確立されていて，それが誰にでも実践できる意外にシンプルなものだからです。

　公務員試験は，努力や工夫が確実にむくわれる就職試験でもあります。試験科目の多さは決して障害になりませんし，専門分野の知識がゼロでも大きなハンディではありません。たとえ法律や経済などを専攻したことがない人たちでも，専攻した人たちとほとんど横一線の状態でスタートできます。つまり，方法さえ間違えなければ，それほど確実に受かることのできる試験なのです。その方法のシンプルさに，最初は戸惑うかもしれません。しかし，多くの科目を短期間で合格ラインに引き上げるには，本書で紹介する勉強法がほぼ唯一の選択肢で，だからこそ，それが実践されているのです。

　公務員という職業に興味を持ったことを契機に，本書で早目に試験対策に取り組んでみましょう。方法をしっかりと確立できて，試験を突破する熱意があれば，目標は必ず達成できます。

鶴田　秀樹

公務員試験 独学で合格する人の勉強法 2026年度版

目次

序章

受験生の「よくある疑問」に答えます!

何から始めればよいのか
どう勉強すればよいのか
受験生の疑問を解消します!

Q 01

公務員試験って，資格試験みたいでなんだか難しそうですが。 ❓

A ごく普通の就職試験です。要領さえわかれば合格は難しくありません。構えずに始めてみませんか？

　公務員試験は，「要領さえわかれば，ほぼ確実に受かる試験」です。つまり，要領を把握していれば，「えっ！　こんなので合格するの？」と思うほど。

　考えようによっては，**民間よりも受かりやすい試験**です。

　「でも，受験科目が半端ないくらい多いじゃないの！」

　そうですね。でも，それって不利なんでしょうか。むしろ，逆なんです。

受験科目が多いというのは有利だ！

①多くの者が科目の多さだけで最初から腰を引く

②「ていねいに各科目を潰す」非効率な学習をする者が多い中で，要領を知っていれば，それだけで短期に合格ラインを超えられる

　また，「合格の確かさが民間をしのぐ」という点も特徴です。

　何より公平ですし，「熱意を示せば最終合格（採用）にこぎつけられる」という点を考えても，民間よりはハードルが低いといえます。

　それならば，自分で勝手に気持ちの壁を作らずに，公務員という仕事に興味を持ってみませんか。

　要領さえわかれば，独学で，本当に受かるんです。

　「独学で？　予備校に通わなくていいの？」

　予備校のメリットは，スケジュール管理を予備校がしてくれる，仲間がいてお互い励まし合える，情報交換ができるなどいくつかありますが，一方でそれ

なりの費用がかかりますし，何よりも確実に受かるとは限りません。

　ならば，本書で確実に受かる方法を会得しましょう。

　そして，前述の②に関連することですが，**公務員試験は短期勝負で達成できる**んです。

　極端な話，前年の12月に受験を決意し，そこから学習を始めて翌年の地方上級（多くは第一志望の県庁や政令市などの難関試験）に最終合格する人も稀ではありません。

　確かに，試験対策の半年間はハードな時期が続きますが，学習の期間はそれでも可能なんです。

　「なぜ，そんなことで合格できるんですか？」

　それこそまさしく「どんな対策をすればよいのか，その要領がわかっているから」です。

　たとえば，一次（記述式）の科目が仮に20あるとして，それをていねいにやっていると，最後の科目を学習する頃には最初の科目の内容などは忘れてしまってますよね。ですから，そんなことはムダなんです。それに，そもそも20の科目は，出題数も違えば，出題範囲や箇所もまちまち。

　公務員試験の一次試験（筆記試験）では，7割程度が合格ラインとされていますから，「出題数の多い科目をメインに潰す」「ほとんどの科目で出題箇所が決まっているので，そこだけを潰す」「教材は過去問集を使う」「過去問演習を繰り返して知識を固める」……などなど，これで，十分に7割ラインは超えられます。

　ところが，これが，意外にできていないんです。

　それは，この試験の特質がわかっていないから。

　だから，やってみれば，「えっ！　こんなので受かるんだ」という声をよく耳にします。

　さあ，思い切って始めてみませんか。これから，しっかり「合格の要領」をお伝えしていきます。

Q 02

公務員試験の特徴ってなんですか？

A 「出題範囲が広い」「正答率７割で合格」「似た問題が繰り返し出る」が特徴です！

まず試験の内容を知ることから始めましょう。
ここではザッと見ておけば，それで結構です。

●公務員試験の概要（一般的な例）

	試験種目	内　容
一次試験	教養試験 （五肢択一式）	●知識分野 ・社会科学（政治，経済，社会） ・人文科学（日本史，世界史，地理，思想，文学・芸術） ・自然科学（数学，物理，化学，生物，地学） ●知能分野 　文章理解，判断推理，数的推理，資料解釈
	専門試験 （五肢択一式） ※事務系の内容	●法律系科目 　憲法，行政法，民法が主要３科目 　ほかに，刑法，労働法，商法，国際法など ●経済系科目 　経済原論（ミクロ・マクロ），財政学が主要科目 ●その他 　政治学，行政学，国際関係，社会学などの行政系科目 　経営学や会計学など
二次試験	論文試験	少子化や地方の活性化など，社会で生起しているさまざまな事象について，分析や対策などを論文形式で書く
	面接試験	個別面接（そのほかに集団討論，集団面接がある場合も）

　公務員試験は，一次が筆記試験，二次が面接試験で行われるのが一般的です。

　専門試験については，表では事務系の試験内容を挙げていますが，技術系（土木や電気・電子，化学といった試験区分）では，それぞれの専門科目が出題されます。また，マークシートの択一式ではなく，長文を書いて解答する「記述式」が行われる場合もあります。

　なお，専門試験が行われない試験もあります。

　論文試験は，試験によっては一次試験で行われますが，その場合でも採点は二次扱いということが多くなっています。論文の課題を考えることは，社会を知り公務員としての素養を養うものですし，面接にも役立ちます。

　一見して，**科目数が多く大変そうに見えます。**

　しかし，多くの先輩合格者によって**合格のための勉強法が確立されている**ので，しっかりとした対策を取って数か月間頑張れば，きちんと目的を達することができます。あとは，挑戦する気概を持てばよいのです。

　その「合格のための勉強法」とは，公務員試験の特徴に基づくものです。公務員試験の特徴は次のようなものです。

①**試験種目が多く，出題科目が多い＝出題範囲が広い。**

②**合格ラインはだいたい７割の正答率です。**

③**過去に出題された問題との類似問題が多い。**

　これらを考えれば，

・満点をめざす必要などはない。

・「よく出る過去問」を正答できるようにする＝難問にはこだわらない（捨ててよい）

・択一式試験で「正答肢を選べる」ことに特化する。

のが勉強法のポイントになります。

　本書では，その具体的なやり方＝インプット不要の勉強法について述べていきます。

Q 03

「合格のための勉強法」って，どんなものですか？

A 最初から過去問を解く勉強法です。テキストで知識をインプットする必要はありません。

　合格者の多くは，**いきなり過去問集から入って過去問を解き続けます**。ただひたすら問題を解いて，解法を身につけていくのです。この方法ならば，半端でない科目数でも半年あれば十分にこなせます。逆にいえば，限られた期間で一次試験を確実に突破するには，この方法くらいしか選択の余地がないのです。

　その方法で大丈夫なことがわかるように，いきなりですが，実際の出題例を見てみましょう。意味はわからなくて結構です。単なる日本語の文章として読んでください。

　次の2問は，専門試験の主要科目の一つである行政法からの出題です。

【設問1】　A市職員で構成される職員団体Bは，その事務所として使用するため市庁舎地下1階に在る一室の使用許可を受けてきたが，市庁舎が手狭となり執務室として使用する必要が生じたことから，A市長は使用許可を取り消す旨の処分をした。ところがBはこの処分に不満であったことから，明け渡すことなく，引き続き事務所として利用しており，同事務所には机，椅子などの存置物件がある。

　この場合に関するア～エの記述のうち，妥当なもののみをすべて挙げているのはどれか。
（国家一般職［大卒］・平成21年度）

　ア．A市長は，**庁舎を明け渡すよう，Bに対し行政代執行法に基づく戒告**を行い，Bがこれに従わないときは，A市長は行政代執行法に基づく代執行をすることができる。

　イ．A市長はBが事務所に存置している**物件について，これを搬出するよう，Bに対し行政代執行法に基づく戒告**を行い，Bがこれに従わないときは，A市長は行政代執行法に基づく代執行をすることができる。

　ウ．BはA市に対し，**使用許可取消処分の取消訴訟**を提起することができる。

　エ．A市はBに対し，**庁舎の明渡しを求める民事訴訟**を提起することができる。

1　イ，ウ　　2　イ，エ　　3　ウ，エ　　4　イ，ウ，エ　　5　ア，イ，ウ，エ

市長と市の職員組合（労働組合）が対立しているという事例です。

A市は，従来，庁舎の一室を職員組合に事務所として使用させていました。ところが，庁舎が手狭になって，その一室を使う必要が出てきました。そこで，市長がそれまで職員組合に認めていた部屋の使用を，それ以降認めないことにして，組合に退去するように通告したわけです。で，組合が反発して立ち退かなかったんです。そこで市長は，「自分の命令に従わないなど，けしからん」として，強制的に机や椅子などを運び出して立ち退かせようとしました。それが認められるかが問題になっています。

では，別の過去問をもう一つ読んでください。

【設問2】　市職員で構成される職員団体Aは，その事務所として使用するため市庁舎の一部の使用許可を受けてきたが，市庁舎が狭隘となり執務室の一部に使用する必要が生じたことから，市長は使用許可を取り消す旨の処分をした。ところがAはこの処分に不満であったことから，明け渡すことなく，引き続き同所を利用している。

この場合に関する次の記述のうち，妥当なのはどれか。（国家一般職［大卒］・平成15年度）

1　市はAに対し，同所の**明渡しを求める公法上の当事者訴訟または民事訴訟**を提起し，その勝訴判決に基づく強制執行を請求し，または仮処分を求めることができる。

2　市長はAが同所内に存置している**物件について，これを搬出するよう，Aに対し行政代執行法に基づく戒告**を行い，これに従わないときは，同法の手続きに従った後，市長はAに代わって当該物件を搬出することができる。

3　Aは市長に対し，**使用許可取消処分の取消訴訟**を提起することができるが，Aがその判決で敗訴すれば，判決の拘束力によって，市長は自らAに代わって同所を明け渡すための所要の措置を採ることができる。

4　市長は使用許可を取り消す処分を行ったのみであり，これにより単に使用関係が終了したに過ぎないから，Aはいまだ同所を明け渡す法律上の義務はなく，引き続き同所を使用していることはなんら問題にはならない。

5　市長はAに対し，**同所を明け渡すよう行政代執行法に基づく戒告**を行い，これに従わないときは，同法の手続きに従った後，市長はAが同所を使用しないようにするため，同所に居るAの職員を実力で排除することができる。

実は，表現こそ多少違っているものの，同じテーマの問題です。それも，同じ国家一般職［大卒］での出題です。このような傾向は，公務員試験全体にあります。大半の問題は同じ素材を用いて表現を少し変えたものです。

「過去に出題された問題との類似問題が多い」というのは，こういうことです。

注目したいのは，「法律の専門知識がなければ解けないのか？」という点です。

実は**「同じような問題が出題されるなら，事例と結論を覚えておけば解ける」**のです。これが，いきなり過去問集から入って過去問を解き続けることが効果的な理由です。

問題を解くだけなら，何も深い学習など必要ではないのです。

Q 04

教養試験の勉強法を教えてください。？

A 出題数の多い判断推理・数的推理を重視。一見難しく感じても慣れれば点数を伸ばせます。

　教養試験は，高校のカリキュラムにあるような内容の知識を問う「知識分野」と，分析力や解決力などを試す「知能分野」に分類されます（詳細な出題科目はQ03参照）。

　教養試験では，次のことが大切です。

教養試験の必勝法

①出題分野と出題数を確認して7割目標を定める

②知識分野（数的・判断）の定評のある本をマスターする

　まず，**常に意識すべきは，「満点を取らなくてよい」ということです**。7割を取れれば合格できますから，自分の得意分野で何点確保し，不得意分野を何点まで引き上げ，トータルで7割を超えられるかを大雑把に決めておきます。

　教養試験のヤマは数的推理・判断推理ですから，これから始めるのがお勧めです。解き方のコツがつかめるまで時間がかかるので，試験対策上早めに始めたほうが有利という理由もあります。

　数的推理・判断推理は，問題がややこしいとか数学が不得意などの理由で苦手とする受験生が多いのですが，出題パターンは決まっていて，それをマスターすれば，**思いのほか点数を伸ばせます**。見た印象だけで「食べず嫌い」をするのは本当にムダ。

　実際はそれほど難しくはありませんし，たとえば「確率だけはどうにもわからない」など，**どうしても苦手な問題は「7割合格基準」に照らして捨てればよいだけです。**

　とにかく，一気に攻略しようとせずに，徐々に慣れていって解き方のコツをつかむこと。そのためには，正面から力んで取り組むのではなく，解きやすい系の問題を解くとか，易しい問題を選んで解くなど「慣れること」を重視した学習を進めましょう。少しずつ苦手意識が薄れてくるようにしながら，無理をせずに進めることが大切です。

　わからない場合には，『**判断推理がみるみるわかる！解法の玉手箱**』『**数的推理がみるみるわかる！解法の玉手箱**』など，易しめの本をしっかり読み込んでみましょう。

　少しペースがつかめるようになったら，**資料解釈**や**文章理解**も始めるようにします。これらの科目も，コツがつかめるまで時間がかかるので，知識分野よりも早く始めたほうがよいです。

　以上の知能分野の学習のペースがつかめるようになったら，今度は**知識分野**の学習も加えるようにします。

　その目的は，全体で7割を取るための計画を立てること。つまり，全部の科目を一気に高みに持っていくことではありません。

　一次試験は，教養も専門も7割を取れば合格できます。決して満点を取る必要はありません。教養科目だけでもかなりの数がありますから，時間を有効に使うには，確実に得点を計算できる分野と，これから頑張って得点を伸ばす分野を見定め，合計で7割ラインを突破する計画を立てるのです。

　そうすれば，知能分野の難関とされる数的推理・判断推理の中に，どうしても解けない分野があってもかまわないと思えるようになりますから，気持ちも楽になりますし，その分，余裕が生まれて学習が進みます。

　あとは，「スー過去」を解けば（全部解く必要なし），それで乗り越えられます。

Q 05

専門試験の勉強法を
教えてください。

?

A

過去問を繰り返して知識と解き方を
身につける。学問的な理解ではなく
問題を解く技術を追求すべし。

　本書では，事務系の試験について説明します。

　「専門」科目というと，学問的なものをイメージしがちですが，意識しておきたいのは，「**専門試験も，公務員試験である限り，それは学問試験ではなく競争相手がいるレースだ**」ということです。

　もちろん，「専門」というからには学問的な要素が含まれていることは確かですが，**「専門」を理解することがポイントではなく，最も重要なのは「レースを突破する」**ことです。そうなると，学問的な興味とか，「理屈がわからなければ問題が解けない」といった気持ちは，レース突破という目的を達成するという観点からは，いったん横に置いてしまっておいてください。

　つまり，専門試験の勉強法で一番に重視すべきは次のことです。

　公務員試験はレースだ。だから得点アップの工夫こそが最重要課題だ！

　そこで，この観点から専門試験の勉強法を説明しましょう。

　専門試験の対策は，「いきなりスー過去を解く」ことから始めます。この手法は，「短期合格にはこれしかない」として，先輩合格者たちが試行錯誤の中から編み出した方法です。合理性が高いので，この方法で始めます。

　科目は，主なターゲットとして主要5科目を中心とします。スタート時期は10月頃。そして，プラスアルファの財政学は，スー過去の発売時期は毎年12月ですが，内容が経済科目や教養の時事と重なっていたりするので，12

月スタートでも焦る必要はありません。

　これ以外に科目を追加する場合は，年が明けてからで十分です（ただし，7割確保に目途がつけば，追加は不要です）。つまり，**基本的に主要5科目プラス財政学でよいので**，そうなると気持ちに余裕が生まれるはずです。

　主要5科目は，法律系科目と経済系科目に分かれますが，最初はそれぞれ1科目ずつ取り掛かります。1つの案として，「民法Ⅰとミクロ・マクロのどちらか」から始めてみましょう。ミクロ・マクロは，どちらから始めても構いませんし，憲法になじみがあれば，憲法から始めても構いません。上記の案が「民法Ⅰから」というのは，代理や共有など，聞きなれた言葉が多いので，入り口として取りかかりやすいことが理由です。

　そして，ここが最も重要なのですが，「いきなりスー過去」では，次の点が最大のポイントになります。

①1巡目は，スー過去を問題集ではなく「ただの参考書」として読む。
②考えてはダメ！POINTを読んで，問題を読んで，考えずに解答を読む。

　なぜかといえば，**予備知識がない状態で専門科目に挑むわけですから，問題を解けるはずがありません。**というより，そもそも問題が何を言っているかさえ分からないでしょう。それを，「いきなりスー過去」で始めるというのですから，1巡目はスー過去を問題集としてではなく，参考書として扱う必要があります。

　そのため，1巡目の読み方は，「ほう，こういうものなのか」として，ただの参考書として読む。**POINTを読んで，問題を読んで，考えずに解答を読む**ということです。

　繰り返しておきますが，予備知識なしの状態ですから，いきなり問題に挑むのは無謀で，そこで考え込んだり，時間を費やすのは，ライバルに「もたついている間に先にゴールしてください」と言っているようなものです。

　ときどき「スー過去がまったく分からない」という受験者の声を聴くことがありますが，そんなのは当然のことで，そのことについて悩む必要はまったくありません。むしろ，その「無理を承知」の中で，なぜ，先輩合格者たちが「いきなりスー過去」が最も合理的だとしてこの方法を確立してきたのかを考えてほしいのです。つまり，「**予備知識なしに専門科目の問題集に挑むからには，通常とは違うやり方があるはずだ**」，それが「1巡目は，スー過去をただの参考書として読む」ということなのです。

「でも，法律の場合は，まだ文章だからわかるけど，数式中心の経済学でも参考書として読めるの？」と思うかもしれません。しかし，スー過去のミクロ・マクロは，「問題文にこのフレーズが出てきたら機械的にこの数式を使う。そして，問題文の数値をそれに機械的に当てはめれば正答が出る」という方法で問題を解くというのが基本的なコンセプトになっています。ですから，ここでも，フレーズと数式のマッチングがどうなっているかを確認する作業が学習の中心になります。こうやって，スー過去を繰り返していけば大半の問題は必ず解けるようになります。また，**満点狙いではなく7割確保が目的なので，スー過去の問題以上に問題数を増やす必要はありません。**

　繰り返しますが，これはレースであって学問ではありません。つまり正答を出せて7割を確保できればそれでよいわけです。

　そうやって，上記の方法で，1巡目は1か月程度で終えるようにします。とにかく最後まで行き着くこと。また1か月という時間を使うのですから，自分なりに思いつく限りの工夫をしてみてください。普通の学習参考書の場合も，単に読み流すだけで終わるわけではないでしょう。それでは力はつきません。それと同じことです。ですから，たとえば，最初は解説を見て，「ここは特徴的だから覚えておこう」とか，分からない専門用語は，簡単に調べて「わかる範囲で」メモしておこう，ミクロ・マクロの解説で計算がはしょってあれば，POINTや別の問題の解説を参考に改めて書き直しておこう，重要だと思える部分にはマーカーで線を引こう，などということです。

　とにかく，「2巡目から本格的に問題に挑めるように，そのための工夫をする」というわけです。こうやって1巡目を終えたら，2巡目からは問題を解き始めます。ただし，分からない問題が出てきた場合は，こだわらずに解説を読み，「何に引っかかっているのか」を，空欄にメモしたり，付箋に書いて貼っておきます。これらが基本的な専門試験の勉強法です。

Q 06

「問題を解く技術を身につける」って
空しくなりませんか？

?

A

とんでもない。
キーワードを浅く広く知っておけば,
採用後にも役に立ちます。

　単に過去問を解く技術を身につける, そんなことに半年なりの時間を費やす
だけの価値があるのかと思われるかもしれませんが, 意味はあります。

　たとえば, Q03の「市庁舎の使用許可の取消し」の問題でも, 代執行や戒
告などといった用語が出てきますが, それがどういう場面で必要となるのか,
あるいはどのように機能しているかなどは, 実際に公務に携わってはじめて実
感できるもので, 単に授業で聞いただけで把握できるようなものではありませ
ん。

　一つ実際の例で説明しましょう。

【例】 ある自治体 (市町村ではなく都道府県) で私立幼稚園の補助金等の
事務を担当した人がいました。

　大学は教育系の学部で, 専門科目は法律・経済・行政ともに知識はほぼ
ゼロ。そして, 受験勉強は予備校に行かず完全な独学で, ひたすらスー過
去を解くだけというもの。

　あるとき, 幼稚園の理事長が亡くなり, 相続の問題が発生しましたが,
親族間で対立があり, 誰が幼稚園の経営を引き継ぐか, ややこしい問題に
なっていたそうです。しかし, 経営体制が定まらなければ補助金の事務が
進みません。そして, 幼稚園の業務は園児がいるので待ったなしです。

　そこで引っ張り出してきたのが, スー過去民法で学んだ相続の知識でし
た。これをとっかかりに, スー過去をもう一度読んだ上で, 何を調べれば
よいかを絞り込みました。そして, 図書館通いをして解決策を見出し, 自
分なりの意見を付して上司に報告書を出したそうです。上司からは, 「よ

くここまで調べてくれた。本当に助かるよ！」と，かなりの高評価だった
とか。

　この場合，もし前提知識がゼロならば，何をどう調べてよいのか，とっかか
りさえ見いだせないでしょう。スー過去民法の繰り返しでキーワードに見覚え
があるのとないのでは，雲泥の差があるのです。
　それは経済学でも同じこと。実際に実務に携わってみて，「あの問題に出て
いたあの概念は，実はこういうことだったのか」と思うことがたくさんあると
思います。そのときに，「経済学の知識ゼロなので何のことかまったくわから
ない」というよりも，「多分あれかな」と思って「ちょっと調べてみよう」と
思ってくれるほうが，よほど業務に貢献できるのです。
　過去問演習で皆さんがこれから得ることになる知識は，ある意味で，かつて
丸暗記を要求された頃の英単語帳と同じような性格のものになるかもしれませ
ん。でも，単語を覚えることなしに英文読解ができないのと同じように，公務
員試験の学習を通じて学んだ知識なしに業務ははかどりません。
　特に，志望先が自治体の場合ならば，どんな部署に配属されるかわかりませ
ん。経済学部出身者なら出納や税務関係のみ，教育学部出身者なら教育委員
会，などと決まっているようなことはありません。たとえどんな部署に配属さ
れても幅広い知識を駆使して業務遂行に当たることができる，そんな職員を必
要としているからこそ，これだけ幅広い分野の科目を「勉強してほしい」と
いって出題しているわけです。
　公務員試験はあくまでも就職試験，そして就職試験ならば就活の時期は限ら
れています。その時期を使い，半端な数ではない科目をこなしてほしいといっ
ている以上，**深い理解を求めるのは無理。そんなことは出題者の側にもわかっ
ています。**
　出題者もそんな事情に合わせている以上，受験者の側も**「幅広い科目を浅く
広く学ぶ」**という姿勢で臨めばよいのです。

Q 07

スー過去の問題は全部解くべき？ 他の問題集での追加の必要は？

?

A 傾向に沿った問題に絞って解いて 構いません。また，むやみに他の 問題集に手を広げるのは禁物です。

　まず，前提として，一次試験（筆記試験）の合格ライン7割というのはどういうイメージかといいますと，公務員試験では，4月の国家総合職から始まって，国家専門職，裁判所，国家一般職，東京都，そして6月下旬の地方上級（道府県・市町村）などの試験が「順次」行われ，多くの受験者はこれらをすべて受験します。その中で，地方上級の志望者（地元志向でここを第一志望にする人が多い）は，4月・5月の段階では，まだ全部の科目を仕上げ切っていません。それなのに，次々と受験した試験の一次合格通知が送られてきて「○月△日に二次面接に来るように」という書類が届きます。

　次の日程の試験のことで頭がいっぱいになっている中で，「あっ，そういえば受けたんだ」という思い，そして，「えっ，あれで受かるの？」という感想。

　7割って，そんなものです。厳密に7割を確保しないといけないわけではなく，6割5分程度で受かっている人もたくさんいます。

　ただ，このような受験者には一つの共通点があります。それは，**取れる問題を確実に取っている**こと。なぜなら，受験者の大半が正解するような問題をすべて得点していれば，それこそ上位数パーセントの好成績で一次試験を突破できるんです。それほど，「みんなが取る問題を確実に取る」ことは重要なんです。

　そして，ここで「みんなが取る問題」というのは，Q03で示したような問題のこと。つまり，過去問に典型問題（ないし頻出問題）あるいは重要問題（新判例の問題など）とされている問題のことです。このような問題は，表現を変えて繰り返し何度も出題されます。ですから，そのような問題を確実に得点すれば，それで十分に高得点が期待できるのです。そのためには，**過去問を**

何度も繰り返してその「重要部分」の知識をがっちりと固めておくこと。これが一次突破のもっとも確実な方法です。

　それに加えて，合格者が口をそろえて言うのが次のこと。

正確でない知識は本試験では使えない。

　受験者が陥りやすいミスが，本番で「あれ，どうだったっけ？ここ，やったはずなのに」として考え込んで時間を費やし，オーバーヒートして冷静さを失い，揚句に間違って自滅するというパターン。これは絶対に回避すべきです。

　では，正確さを担保するにはどうすればいいかというと，やはり，スー過去を何度も繰り返して，**典型問題（論点）を「これが出たら絶対に間違えない」と確信を持てるくらいにしておくことです。**

　そうなると，答えはおのずと出てきます。

　つまり，①典型問題や重要問題を確実に得点していけば，それで一次突破は十分に可能だ。②知識を正確にしておくことが一次突破に重要だ。そのためには，知識固めが必須。

　そうであれば，基本的にスー過去に絞って過去問演習を行い（ただし，傾向把握のために『過去問500』を使うことは有用），確実に解けるようになった問題は端折って時間短縮を図り，スー過去を何度も繰り返すことです。

　よく，合格者が，「本番までにスー過去を20回まわした」などと口にしているのを聞くことがありますが，**「もう大丈夫。絶対間違えない！」と確信が持てるようになった問題は次々に省いていけば**，最後にはスー過去1冊を1時間程度で回せるようになるそうです。

　何度も繰り返し出題されているような典型問題にターゲットを絞って，その知識を確実にするためにスー過去を繰り返すこと。これもまた，レースを勝ち抜くための大切な工夫です。

Q 08

どんなスケジュールを組めばいい？

A 午前中に教養対策，午後は専門の法律，夜は専門の経済などと，１日を３分割して使うのが一般的な方法です。

　スケジュールの組み方は，自分なりの生活パターンに沿って，最初は「無理のないように」組んでみてください。丸ごと１日を使える場合もあれば，そうでない場合もあるでしょうから，まずはとにかく始めてみましょう。そうすれば，自分なりのスケジュールの組み方も分かってきます。その段階で**必要に応じて修正を加えながら，先に進めばよい**のです。

◇開始段階のスケジュールの１例◇

午前	昼食	午後	夕食	夜
判断推理１テーマ 数的推理１テーマ		民法Ⅰ　１テーマ 憲法　　１テーマ		ミクロ１テーマ 論文の練習

　最初は，とにかく抵抗感をなくすために，面白そうだと思うものから始めることがコツです。上の表で午前に教養試験科目を置いているのは，判断推理はクイズみたいなものが多いので，興味を持って１日をスタートできるということが理由です。また，**教養科目は目次通りに順番に潰す必要はありません**。単元ごとの独立性が強いので，これは解けそうだとか，面白そうだというものから虫食い的に始めて構いません。

　午後は専門科目の法律，夜は経済に充てます。ミクロ・マクロは，解き方のパターンさえつかんでしまえば，あとはそれを試験本番までそれを維持すればよいので，とりあえず夜の時間に充て，もっとも時間のかかりそうな法律を昼に持ってきます。夜に論文の練習を入れているのは，メディア等で社会の動き

を見て，公務員としてどんなことをやりたいのか，自分なりのイメージを作る時間を1時間程度は取りたいからです。

　毎日1テーマを潰していけば，1冊を1か月程度で終了できます。1テーマといっても，ボリュームのあるテーマもあるので，そんな場合は「2日をかける」など，弾力的に考えてください。そして，最初の科目の1巡目が終わったら，次の科目を追加していきます。

◇次のステップでのスケジュールの1例◇

午前		午後		夜
判断推理 1テーマ 数的推理 1テーマ	昼食	民法Ⅱ 1テーマ 行政法 1テーマ	夕食	ミクロ 1テーマ 論文の練習
		民法Ⅰ・憲法1テーマ		マクロ 1テーマ

　学習の方法は同じです。判断推理と数的推理は「解き方のコツ」をつかんでその「カン」を養い，それを本番まで維持する必要がありますから，繰り返し解く作業をずっと続けます。そして，**コツがつかめるようになった時点で「文章理解・資料解釈」などをサブの科目として追加していきます。**

　午後と夜の専門科目は，それぞれ次の科目を加えていきましょう。ここでも無理をせずに，法律では「2科目追加ではなく1科目追加」でもOKです。重要なのは，**最初にやった科目について2巡目に着実に入っていくこと。**民法Ⅰと憲法の2科目がそれならば，1日交替で「今日は民法Ⅰ，明日は憲法」というパターンでも構いませんから，1巡目の記憶が残っているうちに取り掛かります。

　あとは，これを繰り返しながら，科目を追加しつつ，一度を終えた科目は知識の定着を図っていきます。その際に大切なのは，効率化を工夫すること。

前回まででですでに解けるようになった問題は，知識の確認で済ませる。
　前回と同じように「時間をかけてていねいに解く」ことはしない。

　新たな科目をどんどん追加するので，その科目に時間をとる必要があります。ぜひ，時間を効率的に使うことを工夫してみてください。

Q 09

モチベーションを
どうやって保てばよいの？

A 机の前だけではダメ。官庁を見に
行く，任官後の夢を描くなど，
学習の合間に積極的に行動しよう！

　独学で勉強していると，励まし合う仲間や競争相手が不足するために，モチベーションの維持が課題となってきます。

　できるだけ，学習の合間の時間を有効活用して，モチベーションを高める工夫をしましょう。

　これにはいろんな方法がありますが，**典型的なものにインターンシップの活用があります**。近年は，官庁も採用に向けた活動を活発化させているので，インターンシップは意外に豊富にあります。**志望官庁・志望自治体でなくても視野を広げておくことは論文や面接の二次対策に役に立つので**，積極活用してください。ネットで，「公務員」「インターンシップ」で検索するといろいろと出てきます。

　また，空いた時間の気分転換でもよいので，できるだけいろんな役所を見に行くのも大切です。ただ見学するだけでも構いませんが，できるだけしっかり観察すること。面接の際，「ウチの職場を見に来たことがありますか」とか「どんな印象を持ちましたか」などと聞かれることがあり，その際の応答に迫力をもって答えられます。

　このほか，受験ジャーナルの合格体験記やネットの情報など，気持ちを高められる素材は，探せばいろいろあります。まずは動いてみましょう。必ずいろんなものに出会えるはずです。

Q10

論文や面接も対策が必要ですよね？

A 論文や面接対策は，できるだけ早くから意識して始めましょう。

　公務員試験は就職試験ですから，一次試験を突破しても，二次試験で不合格になっては意味がありません。

　近年は，一次の合格ラインを下げて一次合格の人数を多くして，論文や面接などの二次試験の競争率を高くする試験が多くなっています。

●論文試験

　少子化問題や地方の活性化など，社会で生起している様々な事象について，分析や対策などを論文形式で答えるものです。社会を知ることは，公務員としての素養を養うものですし，論文の課題を考えることは面接にも役立ちます。

　論文を「読みやすく自分の主張をまとめる」ためには，それなりの訓練が必要で，相応の時間がかかります。

●面接試験

　近年は，面接も1回だけでなく，「それぞれ異なる試験官によって複数回評価して，求める人材かどうかを見極める」という意味で，2回，3回と実施するところもあります。

　人前で話すことは，ただでさえ緊張するものです。就職がかかった試験となれば，なおさらです。大学で公務員サークルに入っているとか，予備校に通っているなど，同じ目的の仲間がいる場合には，早くから自主ゼミを組んで，週に1回でも模擬面接の時間を設けるべきでしょう。素材は，『受験ジャーナル』の面接対策特集から選ぶことができます。

　独学で，自主ゼミを組む機会がないという場合でも，一次対策の合間に『受験ジャーナル』の面接対策特集などを参考に，自分ならどう答えるか，イメージトレーニングをしておくべきです。『受験ジャーナル』には，面接試験の体

験記や面接の心得などが詳しく紹介されていますから，これを参考にしてください。

面接は基本的にコンピテンシーだと考えておく

　基本的にどの面接でもコンピテンシーだと考えておくべきです。つまり，根掘り葉掘り具体的にどんなことをした，どんなトラブルが出てきた，それにどう対処したなど，深く掘り下げられても対処できるようにしておきます。それは，付け焼刃で仕入れてきたのではないということを証明するためです。つまり，自分が今まで何を積み上げてきたかをじっくり振り返ることが必要になってきます。

　ある教育学部出身の受験生がいました。難関の県庁の一次試験を突破して，面接で「県の教育行政に貢献したい」と熱く語りましたが，結果は不合格。県は教育行政だけを行っているわけではありません。ところが，彼は「自分にはそれ以外にアピールできる点はない」として，教育からどうしても抜け出せません。そこで，学生時代に何をやってきたかを，詳細に聞き取りを行いました。その中で，光明が見えたのが卒論のテーマでした。それは，「異なる組織どうしが合意形成するための手法について」というもの。

　合意形成…ある面で県が一番欲しがっている人材です。

　「何でこれを使わなかったの？」

　「気づきませんでした…」

　次の試験で，これを前面に打ち出して無事合格にこぎつけました。

　一次合格発表から二次試験（面接）までには時間の余裕はほとんどありません。一次対策の時期は，まだ自分を振り返るだけの時間の余裕があります。それは，「自分のウリを見つける」重要な時期でもあります。特に独学者の場合，面接対策が手薄になりますから，一次対策の時期から面接も意識するようにしたいものです。

　苦しい勉強を実らせ，せっかく一次を突破しても，面接を乗り越えられないのでは目的を果たしたことにはなりません。一次対策の期間に，自分が何を積み上げてきたかを，じっくりと振り返るようにしてください。

スー過去で疑問が出てきたとき，どうやってそれを解消すればいいの？

A 疑問を解消するには独学の特性に応じた工夫が必要です。ここでも，学習の目的が何かを明確にすれば，方法は見えてきます。

　問題を解く際に生じる疑問は，主に専門科目で見られるものですから，ここでは専門科目について説明します。

　スー過去をメインに据える対策の場合，**受験者の多くは専門知識ゼロの状態から始めることが多いと思われる**ので，疑問の数は相当な量が生じると予想されます。場合によっては，それこそ第一問目の最初の一行さえも疑問だらけかもしれません。しかし，それらをすべて調べていたのでは，とても時間が足りませんし，学習効率もよくありません。

　ときどき，スー過去の2巡目も3巡目もすべての問題をていねいに解いている受験者を見かけることがありますが，疑問解消ができていない―というよりも疑問解消の効率的な方法が確立されていない―ことが大きな要因の一つになっているようです。

　そこで，効率化の工夫を考えてみましょう。

　先に，スー過去を「1巡目は参考書として使う」と述べましたが，「疑問解消法」としても1巡目は重要です。

　スー過去はあくまで問題集なので，参考書とは違い，その科目の内容がすべて網羅的に記載してあるわけではありません。ただ，**過去問集ならではの優れた機能を持っていて，その科目のどこが重要でどこが出題されるのかが明確にわかるようになっています**（根幹になる重要箇所だから出題されるわけで，些末な部分では出題されません）。

　そして，そのような**重要箇所というのは，数はそれほど多くありません**から，出題者がその重要個所だけで問題を作り続けると，似たような問題の繰り返しになり，それでは受験者の力を試すことができません。そこで，肢の一部

に重要でない些末な問題を含ませて、「あれっ、この肢見たことない」として受験者を混乱させるといった工夫を施しています。

　ところが、そのような**些末な肢は理解する必要も覚える必要もありません**。むしろ、重要部分の知識が正確ならば、問題は確実に解けるようになっています。そうなると、**重要部分の正確な知識が何よりも大切になってきます**。つまり、ひっかけ肢に時間を費やすのは大きなロスでしかありません。

　そこで、1巡目のときに、問題を読みながら、まず、それを選別する作業を行うわけです。

　方法は、一通り問題に目を通しながら、何度も繰り返される部分とほとんど出題されない部分を分けること。つまり、学習対象を絞り込むことで、「学習上必要でない疑問の部分」を削り取っていくわけです。

1巡目でよく出題される論点と他では出題がないものを区別する
↓
疑問解消を必要とする対象を前者の範囲に絞り込む

　その方法ですが、最初はあきらめて解説を見て、「何となくここは重要ポイントのようだ」と思ったら、自分なりに目印をつけておく。その際、**どこに引っかかったか、何がわからなかったかなどを付箋紙に書いて貼っておく**と便利です（この付箋紙は、問題を繰り返すうちになんとなくわかってくることもあるので、わかった段階でどんどん剥がしていけばよいだけです）。

　そして、このような作業を繰り返しながら、1度とにかく最後まで通してみて、一通りやり終えたら振り返ってみてください。

　必要なポイントを拾い出してみたら、そんなに多くないことに気付くはずです。そして、こうやって絞り込みの作業をしておけば、理解が不要な些末な肢に、2巡目や3巡目で時間をとられるようなことはありません。もっとも重要な部分に絞って、その知識を固めていくことに専念することができます。これで、グッと合格を引き寄せられるようになります。

　そこで、どうしても分からない疑問点ですが、その解消の方法は科目によって若干の違いがあります。

憲法	素材は条文と判例が中心で，このうち条文のほうは単に覚えればよい。問題は判例のほうで，理解できないものが出てきたら，最高裁判所のウェブサイトで実際に判例に当たり，反対意見があるかどうかを確認する。反対意見があれば，「自分が納得できないのももっともだ」として，とりあえず試験対策上の便宜として多数意見（これが最高裁判例になる）を覚えておく。
行政法	ほとんど日常用語が登場しないので（例：行政行為の付款，形式的当事者訴訟など），言葉（専門用語）の壁が大きい。初学者が短時間で理解するのは困難なので，『最初でつまずかない行政法』などの導入本を読んで，全体像をつかむのは効果的（1～2日で終わらせる。時間をかけないことが大切）。ただし，どうしても記憶中心になるのはやむを得ない。したがって，「スー過去を繰り返しながら覚える」に徹すること。
民法	スー過去民法は，テキストにあまり記載がないような部分もかなり丁寧に説明してある（例：不動産売買を詐欺を理由に取り消した場合，登記名義の取戻しは国がやってくれるわけではなく，自分で取り戻さなければならない，など）。そのため，疑問が出てもその数は少ないはず。ただ，疑問が出たら，何に引っかかったかをきちんと自分の手で書いてまとめてそのページに挟んでおくこと。自分で書いているうちに分かることは多い。最後に残ったものは，試験直前に覚え込んでしまう。
ミクロ・マクロ	解き方のパターンを習得することが中心課題なので，理論的な理解は不要。経済理論を理解するのではなく，解き方を理解するようにする。どうしても納得できなければ『最初でつまずかないミクロ・マクロ』を，ピンポイントで参照するのも可。
周辺科目	大半は記憶中心なので，疑問が出ても理解はあきらめて，マーカーを効果的に使うなどの方法で記憶の定着を図るのがベスト。たとえば，1回目間違えたとき，2回目間違えたとき，3回目間違えたときに，それぞれマーカーの色を変えて，「黄色とオレンジが重なっている，ああここ全然わかってないんだ」などを自分に自覚させる。その際，どういう思考をたどって間違えたかを全部書いておく。試験前にそれを確認すれば，同じ間違いを繰り返さなくて済む。

　近年は，ネットで無料の授業をやっているようなサイトも登場しているようで，それを活用するのも一つの手段です。ただ，それでも授業を長々と聴くには，それなりの時間を費やす必要があります。

　「試験はレースだ」という点から考えた場合，本当に解消すべき疑問かの選別が重要になってくるということは，しっかり自覚しておいてください。

Q 12

私は何から始めたら よいのでしょうか？

?

A まず，どんな試験があるかを 調べましょう。

　一口に公務員といっても，その職種は様々で，いろいろな試験が実施されています。受ける試験によって対策は異なるので，どの試験を受けるか絞り込むためにも，試験について知っておく必要があります。

●地元で働ける職種の試験－地方公務員

　一番の地元で働けるのは市区町村職員，やや広域で異動の可能性はあるものの，地元に根差して働けるのが都道府県職員です。

　市区町村は，公園や上下水道の整備，住民票の発行など，住民に身近な行政サービスを提供する仕事を担っています。都道府県と異なり，住民との距離が近い分だけ，住民の反応を実感できます。

　都道府県は規模の大きな自治体の事務を担当します。市町村よりも権限や財政規模が大きいので，より大きなスケールで地域の発展に貢献できます。

　地方自治体の職員は，通常３年前後で異動があり，領域の異なる様々な部署に配属される可能性がありますから，必ずしも自分の専門性を生かせるとは限りません。むしろ，**いろんな職種を経験してみたい**という場合には適しているといえるでしょう。

　試験は，一次試験が教養試験と専門試験が五肢択一形式で出題され（東京都などの専門試験は記述式です），面接を経て採用が決まります。なお，特別区は23区の人事委員会が試験を実施しますので，合格した後に希望の区役所の面接を経て内定をもらう必要があります。

　試験日は，多くの府県・政令指定都市は６月下旬の日曜日に一次試験を実施します。東京都と大阪府，特別区，大阪市は独自の日程です。その他の市役所はバラバラですが６月下旬（Ａ日程）・７月下旬（Ｂ日程）・９月中旬（Ｃ日

程）のいずれかに実施するところが多くなっています。

　近年は，地元で働きたいという地元志向の傾向が強まっていて，地方では都市部からのUターン組も多く受験するため，競争は激しくなる傾向にあります。地域の特性をしっかりと理解して，その発展にどのように寄与するのか，十分な事前準備が必要ですが，地域に貢献できる仕事には，大きなやりがいが待っています。

●広域的な事務に携わりたい－国家公務員

　国家公務員は，国全体を統括する事務ですから，広域的な異動の可能性があります。いろんな地域を経験できることは，国の特性を知るという意味で公務員としての視野を広げることができます。

　また，国家公務員は，いったん採用された場合には，原則として生涯にわたって，その官庁が担当する事務のみを行うことになります。したがって，たとえば専攻した農業経済の知識をベースに農林業を活性化したいなど，**自分の専門性を生かしたい**という場合には適しています。

　国家公務員は，それぞれ専門の事務を担当する役所によって個別に採用が行われますから，その専門性が一つの特徴になっています。

　専門性が最も強いのは，国家専門職と呼ばれる職種で，これには，①国税に関する調査や指導などを行う**国税専門官**，②予算執行調査や国有財産の有効活用などを行う**財務専門官**，③労働基準法違反行為の監視や摘発などに当たる**労働基準監督官**，④語学力を生かして海外公館で情報収集や分析などに当たる**外務省専門職員**，⑤防衛省で情報収集や分析を担当したり（国際関係職），在日米軍との折衝等に当たる（語学職）**防衛省専門職員**などがあります。①②は経済系の学生が，③は法律系の学生が比較的多く受験するようです。また，④⑤は語学力に自信のある人には有利な試験です。

　これに対して，中央省庁で国の政策の立案などを担当する**国家総合職**や，主に出先機関などの事務を担当する**国家一般職［大卒］**の場合は，五肢択一式の教養試験（基礎能力試験）と専門試験などの筆記試験に合格した後，官庁訪問を行って，いずれかの官庁から内定をもらう必要があります。

　両者のうち，国家一般職はブロック採用（例：東北ブロック，近畿ブロックなど）で，異動はブロック内で行われるのが原則です。比較的地元に近いところで働けることや，一次試験の専門試験が科目選択解答制で専門を生かしやすいということもあって，人気の試験になっています。

　このほか，**裁判所事務官**も，試験科目の大半が地方上級や国家一般職と重なっていることから，これらの試験と併願する受験生が多いようです。法律を担当する役所であることから，法学部生が比較的多く受験しています。

Q13

受験生は，どうやって志望先を決めているのですか？

A 「地元志向かどうかを決めて，あとは受かったところに行く」が一般的です。

　公務員の志望動機は，受験生ごとに実に様々です。大多数の受験者が志望先を決めるパターンは，次のようなものです。

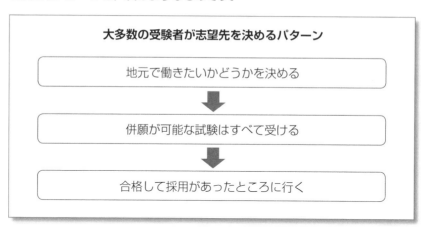

大多数の受験者が志望先を決めるパターン

地元で働きたいかどうかを決める

↓

併願が可能な試験はすべて受ける

↓

合格して採用があったところに行く

　これを見ると，「何か適当な感じがする。こんなことで職場を決めて，その仕事に誇りが持てるの（あるいは続けられるの）？」と思うかもしれません。
　しかし，公務員の仕事は公益を担って行われています。つまり，どんな職種でも社会に貢献できることに変わりはなく，常にそこには「やりがい」が待っています。それに，民間の就活でも，当初は金融系を希望していた人が流通系でしか内定がなく，流通系に行ったからといってやり甲斐が見いだせないというわけではありません。公務員だからといって，明確な動機を持たなければ，「適当な感じがする」などと思う必要はないのです。

Q14

受ける試験を絞り込むって, どうやればよいの？

?

A

無理に絞り込む必要はありません。受けられる試験を受ければよいのです。

　公務員試験を志望する人がよく自問自答するパターンが次のようなものです。
「何のために公務員になりたいのか？」
「住民に奉仕したい・・・？」,
「公共の役に立ちたい・・・？」
「う〜ん。何なんだろう・・・」
　確かに, そういった崇高な理念を持つことも大切なのでしょうが, 公務員試験はあくまで就職試験です。そうであれば, 「自分の人生設計を民間ではなく公務員でやりたい」で, 動機としては十分です。そして, あとで説明しますが, 絞り込みは自然とできるようになります。
　何か公務員というと, 全体の奉仕者として崇高な理念を持っていなければならないように思いがちですが, 決してそうではありません。

絞り込みの前提要素がわからない
〜なぜ公務員になりたいのか〜

Q「勤務条件がよいから公務員になりたい」でいいの？
　　それも人生設計においては賢明な選択です。
Q なぜ公務員試験を受けようと思ったんだろう？
　　多分, 自分の中で自分のことが何となくわかっているはずです。民間企業のダイナミックさについていけないかもしれない。むしろ, こつこつと仕事をこなしている方が自分に合っているなど, 公務員に目を向けた時点でしっかり将来のことを考えているはずです。

たとえば，民間の就活で，〇△系（例：流通系など）に行きたかったけど，決まったのは別の□×系だったなどという話を聞いたことはありませんか。

　公務員試験の場合も，無理に最初から絞り込む必要はなく，学習を進めていくうちに自然と絞り込みができるようになります。

　一つの例を挙げます。

　【例】 Aさんは国税専門官志望で，無事に一次試験を突破しましたが，何となくの国税専門官志望でしたから，面接で明確な動機や熱意を示せず不合格になりました。国家一般職の一次試験も合格しましたが，もともと国税専門官志望という気持ちが強く，幾つか官庁の面接試験を受けましたが，もう一つ気が乗らず，採用には至りませんでした。

　年が明け，もう一度気持ちを切り替えて公務員になりたいという思いが強くなりました。そして，「もう一年」を覚悟していたとき，年度末近くになって，ある官庁から電話がかかってきました。「どこか決まっていますか？　ウチに来る気はありませんか？」

　官庁訪問もしていないところで，業務内容も知らなかったところでしたが，調べてみると面白そう。面接に行って話を聞くと，どんどん興味がわいてきました。また，地元にも出先機関があって，将来の親の介護などを考えた場合にも，ある程度の配慮はしてもらえそうです。
「なんだ，理想に近い官庁じゃないか・・・」
「いろいろ迷ったことは，この職場にたどり着くために必要なプロセスだったんだ」

　Aさんは，どんどん仕事が面白くなって，現在では職場のけん引役になっています。

　公務員の仕事は公益を担って行われますが，公益を担うということは，必ずそこにはいろんな「やりがい」が待っています。

Q 15

いつから試験対策を 始めればよいですか?

A

試験前年の９月頃から 始めるのが理想的です。

　スー過去を中心に試験対策を組むという場合，公務員試験は科目数が多いので，できれば**試験前年の９月頃から始めるのが理想的**です。

　大学生の場合は，ゼミの卒論など公務員の勉強以外に時間を取られることも多いはずですから，時間に余裕をもって始めましょう。

公務員試験では集中的な学習が効果的

あまり早く始めても，中だるみしてかえって効率が悪い

時間に余裕をもって試験対策に集中できる前年の９月頃開始が理想的

フルに時間を使えれば12月開始でも間に合う（地方上級・国家一般職受験）

　９月頃から始めると，科目数も十分対応できて，途中で卒論など時間を取られることが生じても，一番ピークの時期に試験を迎えられます。

　科目数が多いということは，それだけ集中して進めていかないと，必要な知識を忘れてしまうリスクも高いということです。科目をどんどん追加していって，試験直前にはそれらをすべて２～３日程度で回せるようにするために，どのように時間配分すべきかを逆算してみると，自分のペースを判断できます。

Q 16

独学のメリットとデメリットは なんですか？

A メリット：費用が一番かかりません。 デメリット：学習ペースを自分で作ら ないと合格できません。

　まず，公務員試験は独学で合格できます。

　公務員試験を大学入試と同じような感覚でとらえている人をときどき見かけますが，ちょっと違います。

　大学入試では，高得点をとればとるほど，希望の大学・学科のレベルを上げられます。たとえば，大学入学共通テストで９割を取れば，国公立の医学科だって現実味を帯びてくるでしょう。ですから，得点を上げるために予備校を利用するという方法もうなずけます。

　しかし，公務員試験では，７割を取ればそれで一次突破できますし，問題も大半が過去問の焼き直しで，スー過去をやっていれば７割確保は十分可能です。

　また，一次試験の成績は試験全体にそれほど大きな比重がなく，最終的には面接の人物評価で決めているのが大方の傾向です。自治体によっては，明確にリセット方式と呼ばれる方法を取っていて，一次試験の結果は，そこでいったんリセットしてしまい，二次試験の評価に上乗せされず，一次合格者は横一線で面接に臨むとしているところもあります。この傾向は，多かれ少なかれ公務員試験に共通のものです。

　つまり，大学入学共通テストと異なり，**公務員試験の一次は単に突破すればよく，高得点を狙う必要はない**のです。ですから，公務員試験でどのような手段を取るか（独学にするか，通信講座か，あるいは予備校か）は，メリット・デメリットを考えて選択する必要があります。

●独学

　費用は，基本的に本代だけで済みます。スー過去を一度にそろえてしまうの

は負担でしょうから，メインの科目から始めて少しずつ追加していけばよいでしょう。

独学のデメリットは，**学習のペースを自分で管理しなければならない**こと。それと，仲間からの情報が得られないこと，人を相手にした面接対策の練習ができないことなどです。

公務員受験者の自主的なサークルなどがあれば，これらのデメリットはある程度解消されます。特に，近年の公務員試験では面接対策は必須ですから，積極的に仲間に声をかけてみたいものです。

また，試験にとって有益な情報を得ることは，最終合格のためにかなり重要な要素になりますから，必ず『**受験ジャーナル**』で情報を入手するようにしてください。

●通信講座

費用をリーズナブルな額に抑えながら，ペース管理ができます。

いろんな情報も得られますから，独学では心もとないという場合には，利用してみるのもよいでしょう。

●通学制セミナー（予備校）

予備校のメリットとして，**仲間が得られる**こと，**講師に聞くなどして疑問点を解決できる**こと，過去の合格者の面接カードなどの様々な役に立つ情報が得られることなどが挙げられます。仲間が頑張っている姿は刺激になりますし，自主ゼミを組める機会が増えることは大きなメリットでしょう。

ただ，**費用はかなり高額**になりますし，また**授業を受ける時間が本当に有効なのか**も考える必要があります。

1年間予備校に通って第一志望の自治体に最終合格したある受験生が，合格後に「結局はスー過去を解いていれば合格できることがわかった」と語っていましたが，予備校は，使う場合にでもうまく使うことが必要です。

予備校によっては，単科で受講できるところもあるようですから（その場合，費用を圧縮できます），面接対策など有用な情報を得たいという場合には，そんな利用の仕方も考えてみてはいかがでしょうか。

Q 17

人物重視の傾向が強いそうですが，どんな対策が必要ですか？

?

A

職種に対する熱意と，キャリアを積む決意が評価のポイントです。アピールの方法を固めましょう。

　人物重視は，近年の試験の顕著な傾向の一つです。

　理由はいくつかありますが，公務員試験の科目の多さを敬遠して優秀な人材が民間企業に流れていること，「国や地域を背負って立つ気概」があっても，そのような受験者の犠牲的精神だけに頼るのには待遇面で限界があること。その結果として，せっかく採用しても途中で転職する人が増えてきているため，「**人物評価で途中離職のリスクを避けよう**」「**長くキャリアを積んで公務員として活躍して欲しい**」という考えが，国も自治体も強くなってきていることなどが主な要因です。

　ただ，人物重視が強まる結果，面接重視の傾向にある一方で，なんとか公務員になりたいと頑張って，筆記試験には毎年受かるものの，面接で結果を出せず挫折感を募らせる受験生が増えてきているのも確かです。**熱意はあるのに，さらに，一次で優秀な成績を取っているのに，面接となると過度に緊張してしまう**，あるいは面接官の前で上がってしまい，せっかくの有能な人材が最終合格まで到達できないのは大きな損失といわざるを得ません。

　ただ，人前で緊張するとか上がりやすいというのは，最初は誰もが経験する当然のことです。よく，「自分をうまくアピールできなかった」とか，「自分の熱意を半分も表現できなかった」などという感想を面接後に聞くことがありますが，これは単なる経験不足。ですから，**経験を積むことで必ず改善できます。最初から，人前でうまく話せる人などいません**。いろいろな場面でのスピーチでもそうですが，何度もその場に立って経験を積んでくると，やがてその状況が「ルーティン」になって，いわば普段と同じように，平常心に近い状態で自分の主張をしっかりと相手に伝えられるようになってきます。

要は練習を積むこと。試しに，親しい友人などに（受験生でなくて構いません），「面接の練習をするから協力して」といって，受験ジャーナル特別企画4「面接完全攻略ブック」に掲載されている質問事項を読んでもらってみてください。**改まって答えようとすると，いかに「しどろもどろ」になるかがよく分かる**と思います。たった一人の友人の前でさえ，最初はそうなんです。だからこそ，普段から練習をして，「場慣れ」をする必要があるわけです。

　繰り返しになりますが，採用する側としては，**熱意のある人材に長く勤めてキャリアを積んでもらい，職場の重要な戦力になって欲しい**と願っているわけです。したがって，相手はそれを面接で見極めたいと思っているので，**「採用側の願いに応えられる人材」であるとアピールできるような面接の練習を積み重ねてください**。第3章の最後に，面接のスタートとなる志望動機の具体例について，いくつか挙げていますので，参考にしてください。

Column

公務員試験の基礎知識①

スー過去7では何が変わるの？

　まず，内容的に大幅に変わる科目があります（特に法律系）。

　「新スーパー過去問ゼミ6」は，令和3年度〜5年度の3年間の問題を新たに追加して「7」にリニューアルされます。2023年8月から「7シリーズ」の刊行が始まり，11月までに全科目が刊行される予定です（財政学だけは1月）。

　コロナ禍の3年間で，公務員試験を取り巻く環境にもさまざまな変化がありましたが，本文で述べた人物重視の傾向が強まってきていることもその一つです。一次試験（筆記）で絞り込むよりも，一次では一定のレベルを見極めて，あとは面接で，本文で述べたような基準で合格者を選ぶわけです。そして，これと連動する形で，「現代の事象を知っていて欲しい」という趣旨でしょうか，特に法律系を中心に時事的な要素が強まって（詳細は171ページ），スー過去6の中には「傾向に合致しない過去問」も増えています。そのため，現在の傾向を正確に把握するという観点から，できるだけスー過去7へ切り替えるようにしてください。

第1章

教養試験の
解き方・学び方

教養試験の問題を解くのに
特殊な知識は不要ですが
実は差がつきやすい。
勉強法には工夫が必要です。

注：本書では国家公務員試験等にお
　　ける「基礎能力試験」も含めて
　　「教養試験」と総称します。

教養対策の基本とは

出題科目の基本形を知ろう

　まず，教養試験の典型的な出題科目を見てみましょう。基本的に五肢択一式の
マークシート方式で行われます。

　最初に，令和5年度の国家一般職［大卒］と地方上級（全国型）の教養試
験（基礎能力試験）の出題例を挙げておきます。

〈国家一般職［大卒］の出題科目〉

科	目	出題数
文章理解	現代文	6
	英文	5
判断推理		8
数的推理		5
資料解釈		3
時事		3
自然科学	物理	1
	化学	1
	生物	1
人文科学	日本史	1
	世界史	1
	地理	1
	思想	1
社会科学	政治	1
	経済	1
	法律	1

〈地方上級（全国型）の出題科目〉

科	目	出題数
社会科学	政治・法律・経済	6
	社会	6
人文科学	地理	2
	日本史	2
	世界史	2
自然科学	数学	1
	物理	1
	化学	2
	生物	2
	地学	1
文章理解	英文	5
	古文	—
	現代文	3
判断推理		10
数的推理		6
資料解釈		1

数的推理・判断推理の出題数が多いことがわかります。出題数が多いだけでなく，過去問を繰り返し解くことで得点源にできるので，教養試験の最重要科目です。

　文章理解の出題数も多いのですが，数的推理・判断推理に比べれば得点力が上がりにくい科目です。とはいえ，出題数も多いので過去問を解いて慣れていくことが必要です。

　資料解釈は，出題数はさほど多くはありませんが，どの科目でも必須解答ですから，これも慣れておくべきでしょう。

　以上が知能分野で，どの試験でも全問必須解答とされることが多いので，対策する必要があります。

　それ以外の知識分野については，「○問中○問に解答する」というような選択解答の対象とされる場合もあります。また，いまのところは一部の試験だけですが，「知識分野は出題しない」「人文科学と自然科学は出題しない」という試験も現れています。1科目あたりの出題数も多くないので「満点をめざさずに頻出テーマを押さえる」ことを意識しながら過去問を解くのがよいでしょう。

これが確実に合格に導く 学習計画だ！

スタートは主要科目から！

では，一次試験対策を始めましょう。

本章では，教養試験（国家公務員試験では基礎能力試験と呼びます）について説明しますが，その前に一次対策全般の共通事項を述べておきます。

公務員試験の科目の多さはすでに説明したとおりですが，それぞれの科目の**学習開始の順序には一定のルール**があります。どれも一斉にスタートいうわけではありません。

①点数を上げるのに時間のかかる科目とそうでない科目がある。

②出題数が多い科目には十分な時間を取る。

幸いなことに，この2つはおおよそ重なっています（というより，性格上重ならざるを得ないのですが…）。つまり**「点数を上げるのに時間のかかる科目」≒「出題数が多い科目」**です。

①の中には，たとえば資料解釈のように時間がかかる割には出題数が少ないというものもありますが，それについては，個別の項目で別途に方法を説明します。

まずは科目の特定です。上記の①と②が重複している科目は次のようになります。

教養試験	判断推理，数的推理，文章理解
専門試験	憲法，行政法，民法，ミクロ経済学，マクロ経済学

このうち，文章理解は現代文，英文，古文の3つから構成されています。ただ，公務員試験に固有の科目というわけではありませんから，自分の得意・不得意を見極めながらスタート時期を判断してください。たとえば「英語が得意で，過去問を見て"安心"できるようなら年明けから始めても（また空いた時間を充てるなどでも）構わない」などです。

そこで，公務員試験のスタート科目はこれ以外，すなわち，教養分野では**判断推理**と**数的推理**，専門分野では**憲法**，**行政法**，**民法**，**ミクロ経済学**，**マクロ経済学**です。これらが，いわゆる**主要科目と呼ばれる**ものになります。

主要科目のスタート順を決める

次のようにすればスムーズにスタートを切れます。

> **①教養：数学に対する苦手意識が強い人→判断推理から始める。**
>   　　　 **数学に抵抗感がない人→数的推理から始める。**
> **②専門ー法律：憲法から始める。**
>   　＜理由＞・科目として分かりやすい。
>   　　　　　・法律科目全体の基本となる（ただし憲法が分からなければ
>   　　　　　　民法などの他の法律科目が分からないわけではない）。
> **③専門ー経済：ミクロ・マクロのどちらから始めてもよい。**
>   　＜理由＞・経済学未履修者は，どちらも最初は意味が分からないの
>   　　　　　　で，どちらから始めても構わない。

スタートは，**まずスー過去に取り組み始めます**。仮に3科目をそれぞれ1～2時間ずつやっても1日の時間は余ってきます。そこで，余った時間に残りの主要科目を入れていきます。

1日のスケジュールには個人差があるので，24時間をフルに使えるなど，時間が十分に取れる場合には7科目を同時にスタートしてもいいですし，アルバイトなどでフルには使えないという場合にはとりあえず①～③をそれぞれ1科目ずつ，残りの4科目のうち2科目程度を日替わりで取り組むという方法をとるようにすればよいでしょう。

これらに加えて，少し時間を作って，英単語等の文章理解の準備も始めるようにしましょう。

主要科目でどのくらいとれるか見積もってみよう！

　主要科目以外のいわゆる周辺科目に取りかかる時期を決める前提として，**主要科目がどの程度の割合を占めているのか**を確認しておきましょう。なお，合格ラインのおおよその目安は７割＝70％と考えておいてください。

＜教養試験＞

国家一般職…判断推理・数的推理・文章理解の出題数の合計は24問。
　　　　　　　全40問のうち**60％**を占める。

地方上級（全国型）…判断推理・数的推理・文章理解（古文を除く）の
　　　　　　　出題数の合計は24問。全50問のうち**48％**を占める。

＜専門試験＞

国家一般職…16科目のうち８科目の選択解答制。民法は２科目に分割
　　　　　　　されており，主要科目は８科目中６科目になる。占有率
　　　　　　　75％。

地方上級（全国型）…憲法，行政法，民法，ミクロ・マクロの合計は
　　　　　　　22問。全40問のうち**55％**を占める。

　上記のデータを分析してみます。まず**教養試験**です。

　国家一般職では，

・主要３科目で６割＝24問

・専門の知識でカバーできる社会科学が３問

・直前期にサクッと仕上げる「時事」が３問

・ポイントさえわかれば確実に全問正答できる「資料解釈」が３問

　これらを合わせると33問，全体の82.5％になります。約８割を正答できれば，残りの問題を全部外しても合格ラインの７割を確保できます。

　つまり，国家一般職ならば，とりあえず主要科目を仕上げれば目途がつくということです。

一方，**地方上級**の場合には，同じ計算方法で社会科学と資料解釈を入れて35問で全体の70%ですから，それらを全問正答して初めて合格ラインの7割になります。すなわち，地方上級の場合は主要科目だけでは足りず，他の科目も予定に組み入れていくことが必要で，より緻密な事前準備が必要になってきます。

次に**専門試験**です。ここでも国家一般職と地方上級では違いが出てきます。

国家一般職の場合は主要科目をつぶしていけば，短時間で直前期に仕上げられる科目を1つ追加するだけで，十分に合格ラインを超えられます。

ところが，**地方上級**では，主要科目の比率は半分を少し超える程度です。そのため，他の科目を相当数補っていく必要があります。

近年のように受験者の地元志向が強く，受験倍率も高い人気の自治体を第一志望にしている場合，そこに絶対に合格しようと思えば，相当に隙のない対策が求められることになります。具体的には，**捨て科目を作らない，不得意分野を減らす**など，1点でも多く，確実に積み上げる対策の実行です。

そして，この地方上級に合わせた対策をしておけば，国家一般職の試験も確実に突破できます。ですから，本書では国家一般職も地方上級もともに合格できる対策を説明していきます。

「捨て科目は作らない」が基本

貪欲に「1点」を積み上げよう

　捨て科目を作るかどうかは，学習効率の問題です。

　すなわち，「時間をかける割には点数のアップが図れない。それくらいなら，その時間を他の科目に振り分けたほうが得点アップにつながる」というのが，捨て科目を作る理由です。

　ただ，ここには**受験生が陥りやすい盲点**があります。それは，最初から捨て科目を考えることで，努力と工夫の気持ちに隙ができやすいということです。

　1つ実例を紹介します。

　受験予定前年の12月に勉強をスタートして，翌年の政令市試験に合格した受験者がいました。12月スタートですから，時期としては遅い方です。

　友人と2人で勉強を始め，互いにストップウォッチを買い求め，勉強に集中している時間だけ計測を進めて，毎日，その時間の長さを競い合っていました。その方法で，1日でかなりの勉強時間を確保し，また勉強方法についても考えられる様々な工夫をしています。

　そして，わずか半年あまりの学習期間で高倍率・難関の政令市試験に合格していますが，この受験者は捨て科目を作っていません。つまり，地方上級（全国型）の全科目を一通りすべて潰しています。

　この例からわかることは，**12月スタートでも全科目をつぶすことは可能**だということです。そして，時間的に可能なら，最初から「捨て科目」という考え方は取るべきではありません。捨て科目を考え始めると，どうしても気持ちの中に隙ができてくるからです。

　それに，捨てるはずの科目で仮に1点でも上積みできれば，それだけ一次突破の可能性を上げることができます。

すべての科目を完璧にこなす必要はない

捨て科目を作らないとは,「すべての科目を完璧にこなす」という意味ではありません。

たとえば,教養でいえば物理・化学・生物・地学を,また専門なら刑法や会計学を完璧にすべきかといえば,そんなことは,できるわけがありません。

捨て科目を作らないとは,たとえライバルが捨てたくなるような科目でも,学習範囲を**出題の可能性が高いところに絞り込む**などの工夫を凝らしながら,「1点」を上積みするための対策を講じるということです。

判断基準は「ライバルより少しでも多く」

捨て科目を作らない場合には,学習範囲の絞り込みが重要になります。何をどこまで潰していくかを,時間との関係で絞り込んでいく作業が必要になります。

それを考える場合に客観的な基準があれば判断しやすいのですが,画一的なものはありません。基準となりうるのは,あくまで**他の受験者より少しでも多く努力する**という姿勢です。公務員試験で求められる能力が人並みでよいのなら,あとはどれだけ努力したかが勝敗の分かれ道になるからです。

> 常に「他の受験者より少しでも多く努力する」という姿勢を持つ

ところで,他の受験者がどこまで努力しているかは,不明ですよね。

そうであれば,「もしかして,ここまでやっているんじゃないか」と思っ

て，それ以上に努力しようという姿勢を持てばよいだけの話です。

　こういう姿勢を持っていると，気持ちの中に隙ができません。もっと工夫してみようと思って日々を過ごしている受験生は，まず完璧に第一志望に合格しています。

苦手であることを言い訳にしない

　捨て科目が問題になるのは，その多くが教養試験の科目のようです。

　教養試験は，人文科学・自然科学・社会科学などの知識分野と，文章理解・数的推理・判断推理などの知能分野に，大きく２つに分類されていますが，捨て科目になりやすいのは知識分野，それも自然科学の科目が多いようです。その理由は，文系の公務員志望者の多くが，理系科目に対して苦手意識を持っている場合が多いから。

　「私，物理はダメ。全然わからない」

　そんな言葉をよく耳にします。

　ただ一方で，センター試験の記憶が残っている受験者からはこんな声も聞かれます。

　「センター試験に比べてかなりやさしい」

　「相当に基礎的なレベルの問題が並んでいる」

　実際に知識分野の問題は，ほとんどが基礎的な問題で占められています（また，知能分野の英文読解も，センター試験と比べるとかなりやさしい文章になっています）。

　それならなおのこと，**やらない手はありません。**

　ところが，物理や化学などの自然科学を捨てて，その分を日本史や世界史などの人文科学でカバーすればよいという受験生がいます。

　確かに，これも一つの工夫かもしれませんが，決してお勧めできません。なぜなら，**年度によって科目の難易度はそれなりに変動します。** その場合，どの科目が簡単か難しいかはわからないからです。

　「日本史が得意だから日本史でカバーしようと思っていたところ，予想外

の個所が出て解けなかった。これに比べて，化学は過去問とほぼ同じ問題が出た。それくらいなら，そこだけでもやっておけばよかった」

　そんな後悔をしないように，やはり**浅く広く，すべてを潰すのが基本**です。

　捨て科目の根底にあるのは，やはり「苦手意識」。最初から食わず嫌いで敬遠するのではなく，**やれる範囲でやってみることが大切**です。苦手であることは，決して勉強を回避する言い訳にはなりません。第一志望に受かりたければ，必ずやるべきです。

　苦手科目でも最低限はやる。そして，得意なものは時間の許す範囲で深める。そういう姿勢で臨むべきでしょう。

 ## 学習計画は，主要科目の進み具合を見ながら作る

　まず**主要科目**の場合，コンスタントに点が取れるようになるには，**ある程度の時間**が必要です。量が多いことや，問題を解くためのカンがつくのに時間がかかることなどがその理由です。

　その代わり，いったん理解が進んで問題を解くカンがついてくるようになると，しばらく放っておいても，さほど効果は下がりません。

　一方，**周辺科目**は，大量に覚え込む必要があるため，基本的に「覚えているかどうかが勝負」になります。そのため，**短時間でぐっと点数を上げることが可能**です。

　その代わり，忘れるのも早く，放っておくと学習時間を費やした効果はほとんど残りません。つまり，周辺科目の場合には，早くから始めるとあまり効率がよくありません。いかに記憶を維持するかについてコストがかかりすぎるからです。

　試しに，周辺科目を1問見てみましょう。人文科学の現代思想の問題です。

【設問】　近現代の思想家に関する次の記述のうち，最も妥当なのはどれか。**（国税専門官・平成16年度）**

1　レヴィ=ストロースは，ファシズムに支持を与えた人々の心理と性格について大規模な調査・分析を行い，その調査結果を「権威主義的パーソナリティ」と呼んだ。また，フランクフルト学派の創始者とされている。

2　ハイデッガーは，主体性を失い平均化した「ひと(ダス=マン)」として生きている人間が本来的自己を取り戻すには，自らが「死への存在」であることを直視する必要があると説き，20世紀思想のさまざまな領域に影響を与えた。

3　M・ミードは，南米アマゾンの原住民社会を調査し，未開社会には文化と自然を調和させる仕組みや，独特の考え方があることを発見した。また，表面的には異質に見える文明人の思考にも野生の思考と共通する普遍的な構造が存在しているとし，構造主義の創始者とされている。

4　フロイトは，個人的無意識の奥底に個人を超えた普遍的無意織の領域があると考え，それを集合的無意識と呼んだ。また，神話や宗教，未開社会の伝承などを手掛かりにし，人間の無意識の根底には人類に共通した形態をもって存在している世界があると考えた。

5　ユングは，人間の心の奥底には意識されない心のはたらきがあり，それがその人の行動に大きな影響を与えていることに着目した。心の奥底の無意識の世界を引き出す方法として用いたのが，夢の解釈と自由連想法であり，精神分析学の創始者とされている。

正答　**2**

要するに，覚えていれば解けるという問題です。

現代思想にせよ，それ以外の科目にせよ，その裏には深い理論がありますから，本格的にやるなら内容的には面白いでしょうし，学習を深めれば上記のような問題も簡単に解けるようになるかもしれません。

しかし，公務員試験の場合，それでは**絶対的に時間が足りません。**また，仮に時間があってもこれだけ科目が多いと記憶が持ちません。

公務員試験の周辺科目は，基本的に覚えるだけで解けるものが大半なので，その特性を考慮すれば，むしろできるだけ試験に近い時期に始めて集中的に繰り返し，その記憶を維持したままの状態で試験本番に突入するという方法が効率的です。よく，合格者が「**周辺科目は直前期に集中的に勉強すれば間に合う**」と言うのは決して誇張ではなく，実感なのです。

つまり，

・**それで対処が可能**

・**時間の無駄を最小限にとどめるためにその方法で対処するのが合理的**

という趣旨が含まれているわけです。

学習計画は 科目の特徴に合わせて

まずは主要科目を仕上げよう

そこで学習計画ですが，前年の秋スタートなら，

・年内は主要科目に集中

・年が明けてから周辺科目に取りかかる

というくらいに，**最初はアバウト**に考えておいてください。とにかく，主要科目にある程度目途がつかないことには，合格というゴールが見えてこないからです。

また，何度も繰り返している通り，周辺科目を早い時期に始めても効率が悪いだけですから，まずは，科目の多さをあまり気にせずに主要科目に集中しましょう。このスタンスは，12月スタートでも同じことです。

まずは3月までに主要科目に目途をつけられるように，学習時間を確保し，スー過去を繰り返します。周辺科目は「4月から始めればよい」という程度に考えて，あせらずに主要科目に取り組みましょう。

参考に，令和5年度の主な試験の一次試験の日程を掲げておきます。

ただし，公務員試験は試験日の変更等が随時行われます。令和6年度では国家総合職（春試験）の一次試験日が前倒しになり，3月17日に実施したほか，4〜5月に一次試験を実施する自治体も増えています。志望先の最新の情報はこまめにチェックしましょう。

①4月9日…国家総合職（中央官庁の官僚の登用試験）

②4月30日…東京都I類B，特別区I類（一般方式）

③5月13日…裁判所事務官

④5月14日…大阪府大学卒程度

⑤6月4日…国家専門職（国税専門官・財務専門官・労働基準監督官など。
　　　　　　　ただし重複受験は不可）

⑥6月11日…国家一般職（主に地域ブロックで採用され，国の出先機関などで職務に従事）

⑦6月18日…地方上級（県や政令指定都市など），市役所A日程

⑧7月2日…国立大学法人等職員

⑨7月9日…市役所B日程

⑩9月17日…市役所C日程

　仮に，C日程の市町村が第一志望という場合であれば，2月や3月頃から始めても十分間に合います。

　また，主要科目のいくつかを得意としているような場合なら，スタートが遅くても十分に合格可能です。

　こういった事情は個人差があるので，「**主要科目を4〜6か月**程度で**仕上げる，周辺科目を2〜3か月**程度で仕上げる」を一つの目安にしてください。とにかく，主要科目の仕上がり具合が基準になりますので，これを少しでも早く仕上げられるように勉強を進めます。

 ### 周辺科目は「記憶の維持」を意識

　周辺科目は，「覚えれば解ける」→「忘れるのが早い」という特質を考慮しながら，その開始時期を探るようにします。

　大切なことは，主要科目に目途がつかない段階で，**焦って周辺科目をスケジュールに入れない**ようにすること。焦りから周辺科目を入れてくると，学習計画が全体としてガタガタになってしまいます。

　一方，「同じ科目ばかりやっているので，ジャンルの違う科目で少し気分を変えたい」というのであれば，少しずつ周辺科目を入れて構いません。ただ，主要科目に目途をつけるという軸はぶれないようにしておくこと，それと「記憶の維持にコストがかかる」という点は常に意識しておいてください。周辺科目は，科目数が多いからといって，焦って早めに始める必要はありません。スー過去を使えば比較的短時間で仕上げることができます。

専門はできて当たり前，教養で差がつく

　国家公務員試験では，配点比率が公表されています。たとえば，国家一般職と裁判所一般職では次のようになっています。

〈国家一般職〉

試験種目	配点比率
基礎能力試験（教養）	2/9
専門試験	4/9
論文試験	1/9
面接試験	2/9

〈裁判所一般職〉

試験種目	配点比率
基礎能力試験（教養）	2/10
専門試験	2/10
論文試験（小論文）	1/10
専門試験（論文式）	1/10
人物試験	4/10

　これを見ると，専門は教養と同等以上の配点比率になっています。そのため，教養が多少弱くても，その穴を専門でカバーできると誤解して，専門にばかり力を入れている（あるいは教養をおろそかにしている）受験生を見かけることがあります。

　しかし，それはとても危うい方法です。

　受験生が一番力を入れるのは教養よりもむしろ専門のほうですから，試験で真の意味でライバルになる人たちは，専門科目については相当のレベルまで引き上げてきます。

　言ってみれば，専門科目はできて当たり前。むしろ**差がつきやすいのは教養**のほうなのです。ですから，この配点比率に惑わされないことが重要。あくまでも参考程度に考えておいてください。

　専門で教養をカバーすると考えるのではなく，教養も専門も，どちらも手を抜かずに十分な対策を練るというスタンスで臨むことが大切です。

知識のインプットなしに始めることの意味

過去問集の1回目は試験を理解するため

通常，問題集に取り組むときは，最初の1回目が一番大変で時間がかかります。ただ，**1回目はできるだけ時間をかけずに**，サッと済ませるようにします。

問題集の最初の1回目に時間をかけるのは，すでに知識のインプットを済ませている場合の話です。自分が学んできたことをベースに問題を解いてみて，知識が正確だったかどうかを確かめる。間違っていれば，テキストや授業のノートを取り出して，どこが間違っていたかをチェックする。そんな作業を問題集でするから時間がかかるわけです。

ところが，いきなりスー過去から始める場合には，いわば**スー過去がインプットになります**。また，多数の科目をこなすわけですから，最初の1回は，

・**どんなことを扱っている科目なのか**

・**公務員試験で出題される論点やテーマはどんな箇所か**

を把握するために使って構いません。

時間をかけずに，一度全体を通してみると，科目の全体像が分かる，あるいは最初の項目と後に登場した項目が関連していて興味深いなどいろんな発見があるはずです。

焦らずに進めよう，必ず間に合う！

時間が気になるので1回目からスー過去に本格的に取り組みたいという場合，あるいは「1回目はサッと済ませたが，2回目はきちんと解いていく」

という場合，その本格的な初回は，どの科目も進むのにとても時間がかかります。

　そのため，「とても2回目，3回目をやる時間なんてないんじゃないか！」という不安に駆られがちです。

　ところが，1回目を乗り越えると割とスムーズに進んで，**2回目は1か月半程度で1周**を終わらせることができるようになります。3回目はもっと早くなりますし，4回目以降になると1週間程度で終わってしまいます。

　合格者の中には，秋から始めて，

　「主要科目のスー過去は19回まわした」

　という人もいます。

　「完全に覚えてしまったものは飛ばす」など，やり方にもよるのでしょうが，試験直前の時期になると，1日で1回まわすペースだったとか。

　どんどん早くなってきますので，1回目に時間がかかっても焦る必要はまったくありません。

スー過去学習の効率的な進め方

全部の問題を解くべき？

　スー過去の問題は，必修問題と実戦問題の2つで構成されており，後者は難易度に応じて基本・応用・難問の3段階に分類されている場合があります。難問レベルの問題が出題されるのは，その大半が最頻出分野ですから，基本と応用の2つのレベルまでというパターンが多くなっています。

　必修問題はそれぞれのテーマの典型的な問題なので必ず解くようにします。一方，実戦問題のほうは，初回は基本レベルに絞って解いてみましょう。早く最後まで行き着けるので，科目の全体像を把握しやすいのです。

　そして，一度この方法で最後まで問題を解き終えれば，その科目のイメージをおぼろげながらでもつかめるようになります。そうすれば，2回目以降，自分に合った戦略を立てられるようになります。

　たとえば，まだよくわからないという場合には，もう一度基本レベルだけを解いてみるという方法でもよいでしょう。また，何となく把握できたという場合には，基本レベルだけでなく応用レベルにも挑戦してみましょう。一方，難問レベルは，基本レベルと応用レベルが一通り解けるようになるまでは，手を出さなくて構いません。

　難問レベルは，国家総合職の受験者以外は，それほど気にする必要はありません。基本レベルと応用レベルで十分に合格に必要な力をつけられますから，国家一般職・専門職，地方上級，裁判所一般職などでは，この2つを何度も繰り返して，出題箇所と出題パターンを把握しながら必要な知識を固めていきます。

　なお，市役所でも，できるだけ応用レベルの問題も解くようにしてください。時間に余裕がなければ，基礎レベルに近いものを選んで解くなど，方法を工夫してみましょう。

1回目の解き方

　1回目はインプットの役割も担っていますから，まず，レジュメの部分である「ＰＯＩＮＴ」に先に目を通します。

理解できるかどうかは，あまり気にする必要がありません。そのテーマでどんなことが扱われているかを把握する程度で済ませ，「必修問題」→「基本レベルの実戦問題」を解くようにします。

　まず問題文を読み，次に解説を読んで，気がついたことを解説やＰＯＩＮＴ部分に書き込んでみましょう。「ここは知っている」「ゴロ合わせ」「こじつけ」など，思いついたことがあればどんどん書き込んで構いません。親しみがわくのと同時に，2回目以降に「ああ，ここは先日やったよね！」という記憶の喚起にもなるからです。

　書き込みは，本格的に解く場合に備えて，1回目の書き込みはメモを挟むという方法でもよいでしょう。

2回目以降の解き方

　問題に本格的に取り組む2回目以降は，誤りの選択肢は**どこが間違っているのか**，また正しい選択肢については**キーになる言葉は何か**を，選択肢ごとにチェックしておきます。あまり時間をかけずに解いてみて（おおよそ1問5分が限度），選択肢ごとに，解説と照らし合わせながらどこで間違ったのかを確認します。その際，

- ・何が分からなかったから解けなかったのか
- ・特定の箇所を誤答した場合にはどんな誤答をしたのか

を解説部分にきちんと記録しておきましょう。スー過去を何度繰り返しても，同じ間違いをする部分がときどき出てきます。考えたプロセスを記録しておけば，何が分かっていないのかをはっきり認識できるので，対策を立てやすくなります。

書き込みは問題文に，それとも解説に？

　知識問題では，正文化という方法が有効です。正文化は，「どの部分が誤りで，正しい知識はこれ」というように問題文を書き換えるという方法です。

　ただ，最初から問題文に直接書き込む形で正文化してしまうと，次に問題を解くときは，その正文化した問題を読むことになるので，知識の確認だけで終わってしまいます。つまり，問題を解くときに自分がどこに引っかかったのか，何を誤解したのかなどをチェックする作業ができません。

　そのため，正文化は，科目ごとにその方法を工夫するようにします。

　すなわち，直前に1〜2週間程度の期間で集中的に済ませてしまう科目の場合には，最初から問題文に直接正文化の書き込みをしてしまって構いません。しかし，それ以外の，何度も繰り返す科目の場合には違います。正文化は，解説への書き込みで行い，問題を繰り返すたびに，解いた後で正文化した部分を参照しながら正答以外の選択肢について誤りの箇所をチェックし，どう直せば正文になるのかを確認する作業を行います。

解き方のコツ—だんだんシャープにする

　知識問題では，選択肢ごとに何が誤りか正しいかをその都度チェックします。この作業は，問題を解く際に，ただ漫然とではなく**なぜ誤りかを自分にきちんと認識させる**ためです。この作業をやっておかないと，記憶の定着がうまく図れません。

　ただ，この作業をあまりにていねいにやりすぎて時間を取られたのでは元も子もありません。人の記憶は何度も繰り返すことで次第に定着してくるものですから，時間がかかればそれだけ前にやった部分の記憶が薄れてしまいます。

　分からない部分があっても**あまり突き詰めないで先に進み，**何度

も繰り返す中で少しずつ記憶が鮮明になるような方法が公務員試験の勉強には合っています。

　イメージとして例えれば，パソコンが高精細な画像を処理する場合に，画面の上から少しずつ鮮明な画像が現れてくるという処理の仕方ではなく，最初はピントの合っていない画像が出ていたものが，少しずつピントが合ってシャープな画像に変化していくという感じでしょうか。

　このイメージは，専門のミクロ・マクロ経済学を学習する際に特に意識してほしいのですが，公務員試験の学習全体においても共通するので，ぜひ覚えておいてください。

Column

教養試験の出題科目

　教養試験の出題内容について募集要項（正式な名称は「受験案内」）では，「一般的知能（文章理解〔英語を含む〕，判断推理，数的推理及び資料解釈の能力）及び一般的知識（社会，人文及び自然の知識）」とか「一般的な知識及び知能について」などと書いてあります。

　これではよくわかりません。そこで教養試験の科目構成を図にしてみました。

◎**教養試験の出題科目**

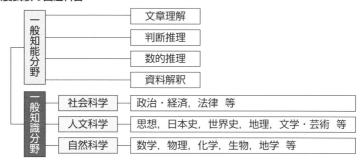

　まず，教養試験は，一般知能分野と一般知識分野の2つに大きく分かれます。この2つはほぼ同数の出題数です。

　一般知識分野は中学・高校までの教科に準じた科目名になっているのでわかりやすいと思いますが，**一般知能分野**は公務員試験独特のもので，科目名も初めて見るものばかりだと思います。

　文章理解は現代文・古文・英文などの読解力を試すもの，**判断推理・数的推理**は数学的なパズルに似たもの，**資料解釈**は表やグラフを用いた資料の読み取り問題です。本書では過去問を取り上げて問題の解き方や学び方を述べていきますから，どんな問題が出るのか，イメージをつかんでください。

判断推理・数的推理①
－教養最大のヤマ

判断推理・数的推理とは何か

　判断推理・数的推理とは，複雑なクイズのようなもので，数的要素が強いかどうかによって判断推理と数的推理の2つに分類されています。

　ただ，このような名称が冠せられた固有の分野があるわけではなく，両者の境界もあいまいで，問題配分も年度によってまちまちです。

　しかし，両者は**「頭の体操」という点では同じ性格**のもので，勉強法もほぼ同じですから，以下では両者を一緒に説明することにします。

　まず実際に問題を見てみましょう。次は判断推理の出題の一例です。

【設問】　白色と茶色のお土産の饅頭（まんじゅう）が6個ずつ計12個あり，白色と茶色のいずれにも，あずき入り，クリーム入り，チョコ入りの餡（あん）が2個ずつあった。A～Eの5人が2個ずつ食べて次のような発言をしているとき，残った2個の饅頭について確実にいえるのはどれか。**（国家一般職[大卒]・平成20年度）**

A：「別々の色の饅頭を食べたところ，その一つはチョコ餡であった。」

B：「別々の色の饅頭を食べたところ，その一つはチョコ餡で，もう一つの中身はAとは違っていた。」

C：「白色の饅頭を2つ食べたところ，中身の組合せがAと一致しており，その一つはクリーム餡であった。」

D：「茶色の饅頭を2つ食べたところ，中身の組合せがBと一致していた。」

E：「別々の色の饅頭を食べたところ，中身も別々で，白色の饅頭はAが食べた茶色の饅頭と中身が一致していた。」

1　白色であずき餡と白色でクリーム餡

2　茶色でクリーム餡と茶色でチョコ餡

---

3 白色であずき餡と茶色でクリーム餡

4 白色でクリーム餡と茶色であずき餡

5 白色でチョコ餡と茶色であずき餡

正答 **3**

初めて見る人は、ちょっとうんざりするかもしれません。

実際、数学が苦手な人には、かなり拒絶反応があるようです。そこで、判断・数的では、そのうんざり感や拒絶感をどのように克服していくかが科目克服のカギになります。

 ## コツを身につければ乗り越えられる

判断推理・数的推理は、基本的には「頭の体操」ですから、コツさえ身につければ解けるようになります。ただ、そのコツは**自分で探るより教えてもらったほうが効率的**です。

判断推理・数的推理は教養試験最大のヤマで、ある程度の点数を稼げるようになるにはかなりの時間が必要です。それだけに、少しでも効率化できるところはしっかりと効率化して時間の節約を図るようにしておきましょう。

コツの身につけ方ですが、**解き方がしっかり書いてある本は意外に少ない**のですが、内容的に充実した本があります。

① **『公務員試験　判断推理がわかる！新・解法の玉手箱』**

② **『公務員試験　数的推理がわかる！新・解法の玉手箱』**

いずれも実務教育出版

判断・数的では、解き方のコツを身につけるかどうかで学習効率に大きな差が生じてきますので、この2冊は必ず使うようにしましょう。

スー過去に取り組むのは、この2冊を十分に読み込んで解き方のコツを習得してからにします。

完璧を目指す必要はない。肩の力を抜いてゲーム感覚で

　前に説明したように，判断推理・数的推理は，いわば「頭の体操」ですから，日本史などのように「この範囲から問題を作らなければならない」という制約はありません。

　そのため，問題の種類はかなりバラエティに富んでいて，いろんなテーマで出題されています。ですから，当然のことにテーマによる得意・不得意の差が出てきます。

　時間があればどれも均一に潰したいところですが，限られた時間の中ではそうもいきません。合格ラインが7割ということを考慮して，少しでも得点を積み重ねるという姿勢で臨めば十分です。

　主要科目だからといって，決して**完璧を目指す必要はありませ****ん**。「判断推理・数的推理の中にもいろんな項目があるが，これからの勉強で頑張って**得点できそうなところを増やしていけばいい**。最終的にどうしても取れないところが出てきても，それは仕方がない」という気持ちで臨みます。

　ただ，それだけでは不安でしょうから，自分なりに，「合格ラインに達するには，判断・数的で○点は確保する。そのためには，数的では□割，判断では△割は確保したい。この目標で得点できそうなところを増やしていく」という程度の計画は立てておいてください。

判断推理・数的推理②
－計算省略を工夫しよう

　これからいくつか解き方を紹介します。これらは，省力化と時間短縮を図るための工夫例です。

　省力化や時間短縮を意識した解き方は，**最初は必要ありません**。慣れていない段階でそんなことをやっても，時間を不必要に費やすだけです。頭の片隅に置いておいて，問題を解くのに慣れてきた段階で，解き方の工夫をするための参考にしてください。

論理で計算を省略できる問題がある

　まず，次の問題を見てください。

【設問】　A，B，Cの3人が100万円ずつ持っており，各人が次のような預金方法で預け入れたとき，それぞれが満期時に受け取る利息額の大小関係を表したものとして正しいのはどれか。

　ただし，利息額は満期時に1円未満を四捨五入するものとする。**（国家一般職［大卒］・平成20年度）**

	預入期間	年利率	利息額の計算方法
A	4年間	1.5%	1年ごとの単利
B	3年間	2.0%	1年ごとの複利
C	2年間	3.0%	1年ごとの複利

1　A＝B＝C
2　A＜B＝C
3　A＜B＜C
4　A＝C＜B
5　A＜C＜B

本問は計算すれば答えにたどり着けます。また、計算で解く場合、その回数は「膨大」というわけではありません。でも、ちょっと多そうなので面倒な問題です。

　もちろん、暗算が得意など計算に自信があれば計算で答えを出してもかまいません。ただ、計算にはミスがつきものです。それに、計算は時間がかかります。ですから、計算をしないで答えが出せるのであれば、やはりそちらのほうを選んだほうがよいでしょう。

計算と論理のどちらで解く？

論理のほうが正確で早い。

　そこで工夫です。

　本問では、まず「単利」、「複利」の意味が分かっていることを前提とします。これが分からないというのでは、解きようがありません。ですから、一応、その点は分かっているものとして、問題の解き方を説明します。

 計算で解く場合の解き方

　まず、オーソドックスに計算で解く場合は、次のようになります。

A：100万×0.015×4＝6万
B：100万×1.02×1.02×1.02－100万＝6.12万
C：100万×1.03×1.03－100万＝6.09万
よって、A＜C＜Bとなり、**5**が正答である。

　上記のうち，単利のAのほうは，計算がそれほど面倒ではありません。でも，複利のBは小数第二位までの数を3回掛けなければなりませんから，ちょっと面倒です。

　そうなると，できれば，**この方法は避けたほうがよさそう**です。また，計算回数が多い問題は，「計算以外の解き方が準備されているのでは？」と，考えてみるクセをつけてください。

　要するに，「頭の体操」なので，**もっと楽な解き方はないか**とか，時間の短縮を図る方法はないかといったことを工夫してみるわけです。省力化できれば，それだけ問題を解くカンが研ぎ澄まされていきます。

　では，その方法にチャレンジしてみましょう。

 ## 論理で解く場合の解き方

　まず，単利と複利では，複利のほうが利息が多くなります。

　複利では，一定期間（本問の場合は『1年』）が経過すると，利息が元本に組み入れられますから，次の期間はその「元本に組み入れられた」部分についても利息が生じることになるからです。

　これをベースに本問を考えてみます。

　条件が同じものを探してみましょう。そうすると，あとは単利か複利かで判断すれば済みます。

　まずは，AとCがよさそうです。期間はAが4年，Cは2年，一方，年利はAが1.5％，Cは3.0％でちょうど逆（CがAの2倍）になっています。この比較が一番分かりやすそうです。

　さらに，利息額の計算方法が同じであるBとCについても比較ができそうです。これも預入期間と年利がちょうど逆になっています（というよりも，出題者が**ちょうど逆になるように配慮**しているわけです）。

　この2つを表にしてみましょう。

　以下のようになります。

	比較対象	条　件	単利・複利
①	AとC	預入期間はAがCの2倍で，年利率はその半分の2分の1である。	・期間と利率の有利不利が相殺される形になるので，あとは単利と複利の比較が残るだけ。 ・複利のほうが有利なので（利息が多い），結局A＜Cとなる。
②	BとC	預入期間はBがCの1.5倍，年利率はちょうどその逆。	・ここでも期間と利率の有利不利が相殺される。残るのは複利の回数であるが，複利は元本組入れの回数が多いほど利息が多くなる。 ・よって，C＜B

　上の表の①と②を合わせると，A＜C＜Bという結果が出てきます。これで，**5**が正答であることがわかります。本問では，AとC，BとCの条件がちょうど逆になるように設定している（特にBとC）ヒントを見抜けるかどうかで，解き方に大きな差が出てきます。

面倒そうな問題こそ簡単な場合が多い

　もう1問，計算に関する問題を挙げておきます。
　一見複雑そうに見える問題も，予想に反して簡単に解けることがあります。複雑そうだから，あるいは時間がかかりそうだからパスというのではなく，そういう問題の予想外の解きやすさを捉えることも，過去問演習の中で工夫してみましょう。

【設問】　ある企業が輸出を行い，相手企業から1年後に代金105万ドルを受け取る契約をした。
　現在の為替レートは1ドル＝110円であるが，変動相場制のため1年後のレートは未定で，この輸出企業が円建てでいくら収入を得られるかは不確定である。そのため，この輸出企業は取引銀行に依頼し，1年

後の円建て収入を確定させることにした。

　輸出企業が１年後に受け取る円建て収入は，取引銀行がア〜エの取引を行うことによって定まるものとする。

　取引銀行は，輸出企業から依頼を受けた時点で次のア，イの取引を行う。

ア．外国の銀行から期間１年，金利５％で100万ドルの借入れを行う。

イ．借り入れた100万ドルを現在のレート（１ドル＝110円）で円に替え，期間１年，金利１％で日本国債を買う。

　　取引銀行は，１年後に次のウ，エの取引を行う。

ウ．輸出企業から105万ドルを受け取り，これを借入れ先である外国の銀行に返す。

エ．満期となった国債を現金化し，そこから手数料（この銀行の利益）を差し引き，残額を輸出企業に支払う。手数料は国債の償還額の１％とする。

　図は，以上の取引を示したもので，⟹は現時点での取引を，⟹は１年後の取引を示している。

　この場合に，この輸出企業が得る１年後の円建て収入はいくらになるか。**（国家一般職［大卒］・平成21年度）**

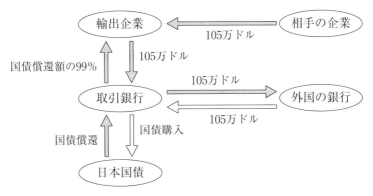

1	109,989,000円	**2**	109,988,000円	**3**	108,999,000円
4	108,989,000円	**5**	108,988,000円		

本問は，**見るからに面倒そうな問題**ですが，ポイントさえわかれば意外に簡単に解けてしまいます。

　計算は次の通りです。

　110（ドル）×1.01（1％金利加算）×0.99（手数料1％差引き）＝109.989

　この計算で答えが出ます。

　金額は100万ドルですから，正確には，これに0を6個加える必要がありますが，簡単な計算式で正答の1を導き出すことができます。

　実際，本問をしっかり読んでもらうとよく分かるのですが，いろいろと条件が付け加えられている割には，

「100万ドルについて利息と手数料を計算すればよい」

というシンプルな内容になっています。

　つまりそんなに複雑な問題ではありませんし，また，解くのが難しいというものでもありません。単に見た目が「難しそうだ」というにすぎません。

　出題者が考えるのは，「面倒そうだ」という**第一印象だけでパスする受験者もいるだろう。実際は易しいのに…**ということでしょうか。

　これもまた，過去問演習のときに心掛けたいことの一つです。

判断推理・数的推理③ —問題文に無駄な言葉はない！

問題文はヒントの宝庫。使い切ることを心がけよう！

ちょっとややこしそうな問題を解いてみましょう。

【設問】　図のように，直角三角形において直角をはさむ二辺を a 及び b，斜辺を c とし，a，b，c を一辺とする正三角形を考える。

それぞれの正三角形に内接する円の面積を S_a，S_b，S_c とするとき，S_a，S_b と S_c の関係として常に成り立つのはどれか。（**国家一般職［大卒］・平成17年度**）

1 　$\sqrt{S_a} + \sqrt{S_b} = \sqrt{S_c}$

2 　$S_a + S_b = S_c$

3 　$S_a + S_b > S_c$

4 　$S_a^2 + S_b^2 = S_c^2$

5 　$S_a^2 + S_b^2 > S_c^2$

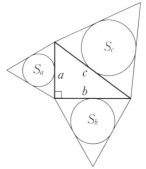

　本問には**意外なヒントが隠されています**。そして，それが分かるとかなり簡単に問題が解けてしまいます。

　これも，日ごろからのちょっとした心がけです。それを確認してみましょう。

計算で解く場合の解き方

　まず，正攻法の解き方は次のようになります。

〔解き方〕

一辺の長さをaとする正三角形を△Aとする。

S_aについて考えると，S_aは△Aに内接しているので，S_aの中心は△Aの内心である。

ここで△Aの高さは△Aの一辺の中点と頂点を結ぶ直線の長さなので，三平方の定理により，$\dfrac{\sqrt{3}}{2}a$となる。

また，正三角形は内心と重心が一致するので，内心は三角形の高さを2：1に分ける点である。よって，△Aの内接円の半径は，

$$\dfrac{\sqrt{3}}{2}a \times \dfrac{1}{3} = \dfrac{\sqrt{3}}{6}a$$

となる。ゆえに，

$$S_a = \left(\dfrac{\sqrt{3}}{6}a\right)^2 \pi$$

同様に，

$$S_b = \left(\dfrac{\sqrt{3}}{6}b\right)^2 \pi$$

$$S_c = \left(\dfrac{\sqrt{3}}{6}c\right)^2 \pi$$

となる。

ここで，S_aとS_bの和を考えると，

$$S_a + S_b = \left(\dfrac{\sqrt{3}}{6}a\right)^2 \pi + \left(\dfrac{\sqrt{3}}{6}b\right)^2 \pi$$

$$= \left(\dfrac{\sqrt{3}}{6}\right)^2 (a^2 + b^2) \pi$$

三平方の定理により，$a^2 + b^2 = c^2$なので，上の式の$(a^2 + b^2)$に代入すると，

$$S_a + S_b = \left(\dfrac{\sqrt{3}}{6}\right)^2 c^2 \pi$$

$$= \left(\frac{\sqrt{3}}{6}c\right)^2 \pi$$

となる。右項は上記のS_cと同じである。よって，

$$S_a + S_b = S_c$$

が成り立つ。

したがって，正答は**2**である。

問題文に無駄な言葉はない！

本番の問題はとてもよく考えられていて，模試と比べるとはるかに長い時間をかけて入念に作られています。ですから，**問題文に無駄な言葉はない**と考えておいてください。

本問は，三平方の定理を使えば解ける問題です。

三平方の定理は，中学3年の数学で登場する公式ですが，仮に上のような解き方をした場合，問題文に余計な言葉が出てくるのに気づきませんか？

よ～く見てください。そう，**「常に」**という言葉です。この言葉，上のような解き方をする場合は，あってもなくても一緒ですね。「常に」という言葉がなくても，上記のような解き方ができますし，それで問題が解けてしまいます。

では，**なぜこんな言葉が入っているのでしょうか**。それがこの問題の解き方のヒントになっています。気づくかどうかで解き方がかなり変わってきます。省力化ができるのです。

直角三角形の形を変えてよい

「常に」という以上，直角三角形がどんな形でも成り立つわけですよね。でしたら，この直角三角形を直角二等辺三角形にしたらどうでしょうか。

みなさんは，三平方の定理を覚えていなくても，

だということは覚えているでしょう。**これを使って本問を簡単に解
く**ことはできないでしょうか。

　下の図で，斜線の三角形は，ともに円の中心を頂点としています。そし
て，直角の部分は，正三角形の底辺の中点の位置にあります。

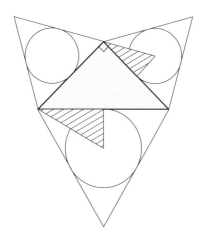

　では，この図から何が導けるでしょうか。

　下に箇条書きで書き出してみます。

①小さいほうの二つの円の面積は同じである。

②小さい円と大きい円の半径の比は，１：$\sqrt{2}$である。

　「あ！なんだ。じゃあ，正答は選択肢**2**じゃないか」

　そうなんです。簡単に解けてしまいます。

もう少し順序立てて説明しましょう。

まず、①については、二等辺三角形の2つの辺の長さは同じですから、それを底辺とする正三角形に内接する2つの円は合同になります。ですから、**両者の面積は同じ**です。

では、次に、仮に小さな円の半径を1とした場合、大きな円の半径はどれだけになるでしょうか。

2つの斜線の三角形の底辺は、直角二等辺三角形の2つの辺の半分ですから（中点なので）、2つの辺の長さは$1 : \sqrt{2}$です（これは、**「直角二等辺三角形の各辺の長さの比は$1 : 1 : \sqrt{2}$」**から導きます）。そして、2つの斜線の三角形は「相似」の関係にありますから、円の半径と一致する両三角形の高さの辺の長さの比も$1 : \sqrt{2}$になります。

そして、本問では、「S_a, S_b, S_cの関係として『常に』成り立つ」となっていますから、**自分でどんな条件を設定してもよい**わけです。

そこで、小さな円の半径を1としてみましょう（あえて単位をつける必要はありませんが、つけたほうが分かりやすければcmやmなどを適宜つけてみてください）。

そして、円の面積を求める公式は**「半径×半径×3.14（π）」**でしたね。これに自分で設定した数値を当てはめると次のようになります。

S_aとS_bは、いずれも$1 \times 1 \times \pi$（$= \pi$）

S_cは$\sqrt{2} \times \sqrt{2} \times \pi$（$= 2\pi$）

そうであれば、「S_a, S_b, S_cの関係」は次のようになりませんか。

$\pi + \pi = 2\pi$

「そうだな。でも、ちょっとわかりにくいな」

では、この式をもっと簡単にしてみましょう。まず左項をπでくくって、

$\pi(1 + 1) = 2\pi$

それから両辺をπで割ると両辺からπが消えます。残る数式は、

$1 + 1 = 2$

です。つまり3者の関係は、$1 + 1 = 2$という等式で成り立ちます。

よって、正答は**2**になります。

結局，**「常に」**という言葉に着目できれば，直角三角形を自分で直角二等辺三角形というわかりやすい形に持ってくることができるわけです。そのうえで，「辺の長さの比」の知識があれば，それを円の面積の公式に代入して，簡単に答えを導くことができます。

　これも，日ごろの問題練習の際にちょっと気をつけておけば，やがてきちんと応用できるようになります。

判断推理・数的推理④
－条件はすべて使い切る！

 問題の条件の中に無駄なものはない！

　今度は，問題文ではなく，問題で与えられた条件の中にヒントが隠されている場合の例です。

【設問】　図のような同じ大きさの立方体を五つ組み合わせて作った立体を，点A，B，Cを通る平面で切ったとき，その断面の形状として正しいのはどれか。（**国家一般職［大卒］・平成21年度**）

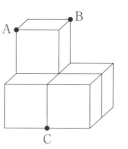

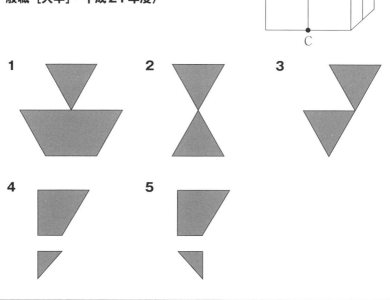

思い込みで正答がなくなる

　実際に問題を解いてみましょう。断面の形状
はどうなりますか。

　「点A，B，Cを通る平面ですね。じゃあ，
右の図のような形になりますね。」

　そうですね。**2**〜**5**の各選択肢も，このよう
な切り方を想定して作っています。

　すなわち，この平面が立方体の頂点Mを通
るのであれば**2**か**3**，そうではなく，辺上にあ

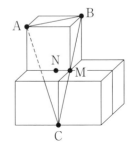

る点Nを通るのであれば**4**か**5**ということになりそうな感じです。

　そこで，**2**〜**5**を検討してみましょう。

　まず，この図の形から推測すると，断面の三角形は向かい合う形ではな
く，同じ方向を向いているはずですから，**2**は違うようです。また，辺AC
は立方体の辺ではなく面を貫いているはずですから，上と下の三角形の形が
同じというのもおかしいですね。面を貫く場合，その分だけ面積は小さくな
るはずです。ですから，**3**も違うようです。

　次に，**4**と**5**を検討してみましょう。

　この2つは，上が台形で下が三角形という組合せです。ただ，下の三角形
の向き（右向きか左向きか）はともかくとして，縦の辺の長さは，上の台形
の縦の辺と同じはずですよね。

　そうであれば，2つとも正答ではないようですね。

　「あれっ？　**答えがない**じゃないか！」

　そう，このような思考方法は，**一つの思い込みから出た結果なん
です**。

　そこで，「問題の中に無駄なものはない」という本試験問題の特質からも
う一度考えてみましょう。問題で与えられた条件を使い切っているかを確認
するわけです。

条件はすべて使い切る

　問題の中から次の2点を確認してみましょう。

①選択肢**2〜5**は，いずれも，点A，B，Cを直接結んだ場合に導ける
　ような図形である。
②本問の立方体は5個から構成されている。

　本試験の問題では，何度も推敲を重ねて，時間をかけて，試験問題として
ふさわしいものに仕上げていきます。

　ですから，もし，**問題の中に余計なものがあれば**，出題者はその
部分を推敲の過程で**そぎ落としてしまいます**。そして，残った文章に
は何らムダがないように仕上げていきます。

　そして，そのことを前提とすると前記のような解き方はおかしいのです。
どうしてかといいますと，5個の立方体のうちの2個はなくてもかまわな
い，つまり存在意味がないからです。下の図でいえば，「左にある3個で十
分」ということになるでしょう。

　そうであれば，右の2個は**何のためにある**のでしょうか。

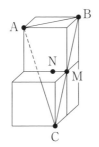

　もし，このような断面の切り方をした場合には，上述の「問題で必ず意識
しておくこと」の説明にしたがって，次のように考えてください。

「右の2個があまってしまう。それはおかしい。**この2個にも何か意味があるんじゃないか。**」

こういうふうに考えられれば，誤解を修正していくことは比較的容易です。

そうなった場合には，「**与えられた条件（5個）をすべて使って断面を考える**」というように思考を修正できますから，与えられた形を別の角度から見ることができるようになります。

そうすると，次のような断面が見えてくるでしょう。

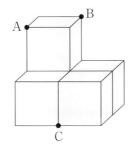

これですと，確かに点A，B，Cを通っていますし，立方体も5個すべてを使い切っています。すなわち，問題の条件に合致します。

ちょっとした発想の転換なのですが，最初に点A，B，Cのみにとらわれてしまうと，なかなかこの形が見えてきません。

でも，「与えられた条件をすべて使い切る」ということを心がけていれば，点A，B，Cを直接結ぶようなことはしなくて済みます。

そうすれば，

「選択肢**2〜5**はどれも違う」

として消去法で答えを出すことも可能になってきます。これもまた，**時間短縮には有効な方法**です。

判断推理・数的推理⑤ －工夫の積み重ねがカンを育てる！

疑問を持つことから見えてくるものがある！

次は，極めつけの面白い問題です。

【設問】　アルファベットのみを用いて数を表す二十六進法を考える。すなわち，Ａは十進数で0，Ｂは1，Ｚは25を表すものとする。したがって，例えば，ＣＢは2×26＋1×1なので53となる。

いま，ＢＢ＋Ｆから始めて，次にＢＢ＋Ｆ＋Ｆ，ＢＢ＋Ｆ＋Ｆ＋Ｆといったように，ＢＢに順次Ｆを加えていったときに，生じうる数はどれか。**（国家一般職［大卒］・平成19年度）**

1　ＣＣ
2　ＤＤ
3　ＥＥ
4　ＦＦ
5　ＧＧ

まず，じっくりと**選択肢の配列**を見てください。**1**〜**5**で「ＣＣ，ＤＤ，ＥＥ，ＦＦ，ＧＧ」と，実に**規則正しく並んでいます**ね。

もし，単に計算で答えを出してもらうだけであったら，これほど規則正しく並べる必要はありません。

たとえば，ＭＹ，ＬＳなど，適当にアルファベットの組み合わせを5つ集めて，その中に正解になるものを1つ，ならないものを4つ置いておけばよいのです。ところが，本問では，アルファベットが規則正しく並んでいます。

そういったところにちょっと疑問を持ってみましょう。実際，こういう場合は要注意，結構**大きなヒントが隠れている**ことが多いのです。

本問のヒントは，次の２つです。

①「ＢＢに順次Ｆ（5）を加えていったときに，生じうる数」という本
　文の記述
②ＢＢ→ＣＣ→ＤＤ→ＥＥ→ＦＦ→ＧＧという順次配列

　上記のうち，①は，「生じうる数」は「ＢＢプラス5の倍数」であること
を表しています。したがって，選択肢**1**〜**5**のうち，「ＢＢプラス5の倍数」
になるものを探せばよいことになります。
　そして，②は，一つ右に移るごとに規則的に一定の数（26＋1）だけ増え
ていくことを表しています。
　どういうことかといいますと，「ＣＢは2×26＋1×1」という本文の記述
をもとに各選択肢の数を表してみますと，次のようになります。

ＢＢは「1×26＋1×1」
ＣＣは「2×26＋2×1」
ＤＤは「3×26＋3×1」

　これらを比較してみましょう。
　すると，矢印が一つ右に移る（ＢＢ→ＣＣ→ＤＤ…）ごとに「26＋1」ず
つ増えていることがわかります。
　ここで着目してほしいのは，

「BBを基点として同じ数ずつ規則的に増えている」

ことです。出題者は，それに気付いてくれればと思って，このような並べ方をしています。

　そこで，このことを手がかりに，答えを考えてみましょう。

①は「ＢＢプラス５の倍数」

②は，ＢＢを基点として同じ数ずつ規則的に増えている。

つまり，出発点は同じ「ＢＢ」という数である。

問題文は，５（Ｆ）ずつ増えている。

選択肢のほうは，**１～５**で同じ数ずつ増えている。

そうなると，ＢＢから矢印が右に５回移動すれば

「ＢＢプラス５の倍数」になるはずである。

　要するに，本問は数を計算して欲しいという問題ではなく，**論理関係が分かればそれで答えを出せる問題**として作ってあります。

　極端にいえば，Ｆが５であることと，選択肢**１～５**で同じ数ずつ規則的に増えていることの２点が分かれば，ＢＢから５番目のＧＧが正解であることはすぐに予測がつくのです。

　そうなると，本問は，まさに「１分ゲーム」の問題ということになります。

小さな工夫の積み重ねが「ヒントを見抜く力」を作り上げる

　上記のような工夫は，時間短縮にかなりの効果を発揮します。

　ただ，こんな解き方は，何度も過去問を繰り返して工夫を重ねていかないと，なかなかたどり着きません。

逆にいえば，何度も過去問を繰り返しながら，その中で工夫を重ねていけば，**少しずつコツが身についてくる**のです。そのコツが，判断推理・数的推理を解く場合の大きな力になってくれます。

●たとえ小さな工夫でも！●

　問題を解くための工夫は1つとは限りませんから，少しでも工夫を重ねていきましょう。その積み重ねが，やがて大きな省力化の方法につながります。

　本問では，「ＢＢ（1×26＋1×1）＋Ｆ（5）」からＦ（5）ずつ増えています。つまり，32から5ずつ増えています。とすれば，一の位は2か7にしかなりません。

　では，選択肢**1**～**5**のうち，一の位が2か7になるのが答えということになりますよね。ですから，これを使って計算を少しでも省略することができます。たとえば，ＣＣは「2×26＋2×1」のうち，「2×6＝12」の2（1の位の数字）に「2×1」の答えの2を足して4になるので，これは正答でないといった具合です。

　「小さな工夫」の練習を何回か積み重ねていくと，やがて決定的なヒントを見抜けるようになります。少しでも楽に解ける方法はないだろうかと工夫を重ねていくと，「考える力」が次第に培われていくからです。

　最初から，ヒントをすべてうまく見抜ける人などいません。要は，**小さな工夫の積み重ね**なのです。つまり，

　「もっと簡単に解けないだろうか！」

　そう考えることが，「考える力」を養ってくれます。

判断推理・数的推理の対策とは「解き方の勘を養うこと」

完璧を狙う必要はない

　判断推理・数的推理では，目の付け所が分かれば機械的に解ける文章理解とは異なり，「これを覚えれば解ける」という公式的なものがありません。そのため，数的・判断の場合は，「ピピッ」とくる**勘を養うのが学習の目標**です。

　そこで，ひたすら問題を解き続けてカンを身につけるわけです。

実力がつくと，解き方が見えてくるようになる

　では，いつまでたってもゴールが見えてこないのかというと，そうではありません。

　何度も問題練習を積み重ねていくと，やがてカンがついてきて，問題を見ただけで解き方が見えてくるようになります。ただし，そこまでには，**それなりに問題量をこなす**ことと，その中で試行錯誤を繰り返すことが必要です。

　勉強はいつもそうですが，次のように考えておくべきでしょう。

●実力がつくようになるまでの道のりとは●

「これだけ問題を解いて，やっとか！」が当たり前

判断推理・数的推理はインプット不要の科目

　判断推理・数的推理は，解き方の勘を養うことが対策の柱になりますから，専門科目のように，過去問を繰り返して必要な知識や公式を覚えればよいというわけではありません。

　限られた時間の中で学習の効率化を図るには，解き方のコツを教えてもらうのが一番です。

学習の計画を立てよう

　数学が得意などの理由で判断推理・数的推理に壁を感じないような人は，いきなりスー過去に取り組んでも構いませんが，順序としては，

　『判断推理がみるみるわかる！解法の玉手箱［改訂第2版］』『数的推理がみるみるわかる！解法の玉手箱［改訂第2版］』を徹底的にマスターするのを優先してください。

　ある程度カンが働くようになったら，**いよいよスー過去**です。

　スケジュールとしては，両方とも毎日1テーマずつ解いていきます。つまり，「合計2テーマ／1日」です。1回目に費やす時間は成り行きで構いません。秋スタートならば，年内に終わればよいという程度の計画で進めましょう。

　最低でも3回，できれば5回程度はまわしましょう。

　具体的な解き方ですが，判断推理・数的推理は解き方にはパターンがあるので，1回目は**1問を5分間考えてわからなかったら**，すぐ解説を見てその通りに解いてみます。

　ここは絶対に粘らないこと。

　「解けるまで考えよう」などと1問1問にこだわると，全体で大きな時間のロスになって，他の科目の学習時間がそれだけ圧迫されます。それは，何としても避けなければなりません。

2回目は，答えに行き着くまでちょっと頑張って解いてみます。もし，解説の解き方と違う解き方をしていたら，そこで，「そうだった，そのほうが簡単だ！」と思うので，それでその解き方を覚えられるはずです。

　3回目は，問題を見てパッと解き方が浮かんだら，軽く考えてそのまま次の問題に進んでしまってよいでしょう。

　途中で，問題の解き方の工夫を忘れないこと。本番の試験では，どうしても時間が足りなくなるので，日ごろの学習の中で時間短縮の方法を常に心がけるようにしてください。

　判断推理・数的推理は，カンを維持することが大切なので，**試験直前まで毎日続ける**ようにします。

文章理解の解き方のコツ

苦手でも解ける現代文。必要なのは目の動きだけ

　現代文は，国家公務員・地方公務員の区別なく出題数が多く，教養試験の主要分野になっています。ですから，**現代文は必ず得点したい**分野です。

　受験者によっては，国語が苦手で現代文はパスしたいと思っている人がいるようですが，そんなもったいないことをしてはいけません。方法さえわかれば確実に解けるので，まずはその方法を身につけましょう。

　スー過去「文章理解・資料解釈」の「試験別出題傾向と対策」を見てください。5分野に分類されていますが，これらに共通していえることは，「内容把握の必要がない，だから国語が苦手かどうかに関係なく，方法さえわかれば解ける」ということです。そこで目標は，短時間で，かつ確実に解く。つまり**「時間を稼いだ上に得点源にする」**です。

　これを達成するためには，問題文の内容を把握している余裕などありません。とにかく，ここで得点と時間を稼いで，時間のかかる判断推理・数的推理にたっぷりと時間を残す必要があります。

　では解き方です。冒頭に述べたように，**現代文に必要な要素は「目の動き」だけ**です。次の問題を見てください。

【設問1】 次の文の内容と合致するものとして最も妥当なのはどれか。
（国家一般職［大卒］・平成22年度）

　言語世界は矛盾の存在を許すことから，肢1矛盾を含まない実在世界より大きい。したがって，科学により実在世界の像を言語世界の中に描くことに問題はない。しかし，言語世界を実在世界に写像する技術において，言語世界における矛盾を含む願望を，矛盾を含まない実在世界にそのまま写像することはできない。

例を新幹線騒音に採る。新幹線の線路脇に住む人にとって騒音は許されない。一方，新幹線を利用して時間を有効に使おうとする人にとって新幹線の速さは生命である。この両方の願望は互いに矛盾するが，言語世界においては共存している。

　他方，新幹線の風切り音は物理現象であり，[肢2]速度の増大は風切り音の増大を招く。両方の願望を完全に満たすことは，新幹線を開放空間に置く限り物理的に不可能である。全線をトンネルにして閉鎖空間にすれば，外への騒音は軽減できるが内部の騒音は増加し窓外の景色が見えなくなり，乗客は不満であろう。

　これへの対処法は二つある。一つは[肢3]言語世界にある矛盾する願望のそれぞれを変更して両立化を図り，社会選択の問題として処理することである。他の一つは，[肢2]鉄道技術を進歩させ速度の増加と風切り音の低下の両立を図ることである。

　速度の増加と騒音の増加の間で社会選択を図るとき，速度と騒音の関係がわかる必要がある。これは鉄道技術が提供することである。そして，速度の増加と風切り音の低下の両立を図る技術開発を駆動するものは社会からの圧力である。

　社会の願望と技術開発の界面にあるのが，社会の願望を技術の言葉で書き出したシステムの「仕様」である。仕様は，[肢4]社会の願望に応えるために，速度と騒音の間のバランスをとって両方が許し得る範囲を模索して作られる。これを速度と騒音との間のトレード・オフという。ここでは速度と騒音を取り上げたが，それ以外に建設コストなど[肢4]多くの考慮すべき仕様項目が存在して，その間でのトレード・オフを図らなければならない。

　これは科学技術だけであるいは社会選択だけで解決できる問題ではない。ここにおいて，人と社会に関する学問と科学技術との協力連携が必要となる。しかし，[肢5]整合的世界にある科学技術と，矛盾を含む人と社会に関わる学問とでは，成立の基盤を異にすることから，協力連携には本質的困難がつきまとう。

1 　言語世界に含まれる矛盾は実在世界に含まれる矛盾よりも大きいため，言語世界における願望をそのまま実在世界に写像することはできない。

2 　鉄道技術の進歩により，新幹線の速度の増加と騒音の軽減を同時に達成できたとしても，乗客の願望を完全に満たすことはできない。

3 　速度の増加と騒音の軽減という実在世界における矛盾する願望は，言語世界における社会選択の問題として解決されなければならない。

4 　実在世界において社会の願望に応えるためには，多くの考慮すべき要素どうしのトレード・オフを図る必要がある。

5 　科学技術は，本来，整合的世界のものであるが，常に社会からの圧力にさらされているため，他の学問との連携協力には本質的困難がつきまとう。

　先に言っておきますが，こんな抽象的な文章の内容を把握する必要はありません。正面から取り組むと頭の消耗が激しいので，機械的に解けるように対策を講じておきます。

　まず試験機関が問題を作る場合の通例として，引用文の著者には後から引用したことを通知するという方法がとられます。漏えい防止の観点から，事前の了解を得ることはしません。

　ということは，各選択肢が，「次の文の内容と合致するものとして最も妥当」かどうかを，事前に著者に確認する作業もしないということです。ですから，場合によっては，著者に「そういう意図ではなかった」と言われる可能性もゼロではないということです。

　では，どうやって問題を作っているかというと，試験機関から正答が示されたときに，「ああ，なるほど」と**大多数の人が納得する**ような作り方をするわけです。つまり，著者が「そういう意図だった」という正解の作り方ではないのです。そうなると，おのずと作り方も限定されてくることになります。

　それは何かというと，本文の記述と一致しているかどうかというごく単純な作り方です。具体的に本問でいうと，こうなります。

> **1**× 本肢には「実在世界に含まれる矛盾」という記述があるが，これ
> は，本文の「矛盾を含まない実在世界」という記述と矛盾する。
>
> **2**× 「乗客の願望」ではなく「両方の願望」。
> 　「両方の願望を完全に満たすことは…不可能」→「これへの対処法」
> →「鉄道技術を進歩させ速度の増加と風切り音の低下の両立を図る」
> の流れで，本肢の内容と対照する。
>
> **3**× 「実在世界」ではなく「言語世界」が正しい。
>
> **4**◎ 妥当である。該当下線部及び色を敷いた部分となんら矛盾してい
> ない。矛盾しない→正答
>
> **5**× 「社会からの圧力にさらされている」ことが理由ではなく，「成立
> の基盤を異にする」ことが理由。

　矛盾しないのはただ一つ。**4**のみです。

　最初は，見つけるのが難しいと思うかもしれません。でも，練習をしていれば，機械的に解けることが必ずわかってきます。そこで，この感覚を養うためにスー過去の問題を解くわけです。

　まずPOINTで，問題の解き方のコツをしっかり学びます。そして，目の付け所は解説で丁寧に書いてあるので，それを身につけるようにします。

　練習方法としては，1日1題で十分。時間としては，毎日10分程度を割り当てればよいでしょう。

　「毎日，たった10分で大丈夫？」

　不安に思う人は，まず1か月続けてみてください。**たった10分でも，日々の積み重ね**がいかに大きな効果をもたらすかに驚くはずですから。

　ただし，感覚が身についたと思うまで，必ず毎日続けます。その中で，少しずつ時間短縮を図るようにして，直前期には1問を3分以内で解けるようにしておきます。

並べ替え問題も，できるだけ文の内容理解に踏み込まずに機械的に解けるように練習を積んでおきます。

　文章理解で「機械的に」を重視するのは，

①内容理解に踏み込むと頭の消耗が激しい

②時間がかかる

ことが理由です。

　教養試験では，判断推理・数的推理に最も時間を費やすので，そこに十分に時間を割り当てるには，「まともに解いたら時間のかかる文章理解」で時間短縮を図る必要があるからです。

【設問2】　次のA～Jをならべかえて一つのまとまった文章にする場合，妥当なのはどれか。（地方上級・平成15年度）

A　この両者のバランスをどのように実現するかは，将来に向けての難しい課題である。

B　しかし，ホームページなら，こうした制約はない。

C　しかし，マスコミでの発言機会をもつ人も，まったく自由に発言できるかといえば，必ずしもそうではない。

D　しかし，自分のホームページを持っていれば，思う存分に反論し，発言することができる。

E　インターネットは，どんな人でも自分の意見を全世界に向けて発することができるという意味で，画期的な意味をもつメディアなのである。

F　スペースも限られているし，内容面でも，「どんなことでもいえる」というわけではない。

G　日本では，幸いなことに言論の自由が保障されている。

H　例えば，マスコミで不当な批判を受けても，これまでは，反論の場がないことが多かった。

94

I　ただし，「自由に発言できる」ということが，半面において大きな危険をもっていることも事実である。

J　特定の個人や企業を誹謗するために悪用される危険もあるからだ。

1　E－H－D－I－J－A－B－G－C－F

2　E－I－H－D－G－C－F－J－B－A

3　G－C－F－B－H－D－E－I－J－A

4　G－I－J－B－H－C－F－D－A－E

5　G－I－J－E－D－H－C－F－B－A

　並べ替えは，一度思考が混乱し始めると，頭の中で堂々巡りが始まって収拾がつかなくなるという厄介な性質を持っています。したがって，そのような混乱を生じる前に，できるだけ**明確な基準で確実に処理してしまう**ことが大切です。

　これを「キーワード」で試してみましょう。

　本問でいえば，Bの「ホームページなら，こうした制約はない」がキーワード（キーフレーズ）になります。この文の意味から，Bの前に来るのは次のようなものであることが予想されます。

①なんらかの「制約」が書いてあるもの
②ホームページに関する文章ではないもの

　これにぴったりくるものはFですね。

　そうすると，文の順序はF→Bもしくは，F→○→Bとなるはずです。ここから，選択肢**1**と**4**が省けます。

　残る3つの選択肢のうち，**2**はFとBの間にJという文章が入っています。でも，FとJは内容的につながりませんから，これも除外できます。

　残るのは選択肢**3**と**5**ですが，**5**は**3**と異なり，F→Bが最後のほうにおいてあります。

しかし、「ホームページなら、こうした制約はない」という文章は、どちらかというと、これから「こうした制約がないホームページについて、今からいろいろと論じていこう」という内容のものです。したがって、文の最後のほうに、いわば**結論として持ってくるような内容のものではありません**。そこで、**5**は誤りで、最後に残った**3**が正解ではないかとアタリをつけて、**3**で示された順に文を並べ替えてみるわけです。

　そうやって確認してみると、**3**は**それなりに筋が通っていますから**、これを正答と判断できます。

　こうすれば、混乱も生じませんし、時間も大幅に短縮できます。

空欄補充では選択肢を先に読まない

　空欄補充問題を解く際には、選択肢を隠して、先に文章を読んで自分で空欄にどんな言葉が入るかを推測します。その上で選択肢を見るようにするのがポイントです。

　なぜなら、空欄補充問題では選択肢の記述が短い場合が多いので、選択肢の言葉の一つ一つがかなり強いインパクトを持ちます。そのため、**選択肢を先に読んでしまうと思考が引きずられる**可能性が高くなるのです。

　そこで、先入観を入れないために、まず自分で、空欄にはどんな言葉がふさわしいかを先に考えておくわけです。次の問題で考えてみましょう。

【設問3】 次の文の空所Aに該当する語または語句として、最も妥当なのはどれか。(**地方上級・平成19年度**)

　まとまった休暇というのは、サラリーマンが社会人間という「鎖国」状態から、生活人へと「開国」する絶好のチャンスである、と私は思う。

　それまでずっと働いてきて、三カ月のリフレッシュ休暇をもらってゆっくり休み、たっぷり遊んで、また休暇が明けたら会社人間に戻っ

て，定年まで突っ走る——これでは長期休暇の価値はあまりなく，鎖国
されたままといえる。

　当然すぎて，みんなすっかり忘れてしまっているが，サラリーマンと
いえども，会社の一員である前に，一人の人間であり，家族の一員であ
り，地域の住民であり，消費者であり，人の親であり子である。そうし
た一個の生活者である。会社人である前に社会人（社会的存在）であ
り，アイデンティティや価値観や生きがいは会社だけにとどまらず，社
会のあちこちに見つけられるはずなのである。

　だから，会社人間としてだけ閉じてしまいがちなサラリーマンの意識
を，生活のほうへどんどん開いて，解放・多様化する，そのチャンスと
して長期休暇を活用しなくてはならない。ゆっくり休養する，たっぷり
遊んで英気を養うのも大切だが，地域や家庭の一員として　　A　　の
意識をとり戻すことはもっと重要だ。

1　生活者　**2**　消費者　**3**　一人の人間　**4**　会社人　**5**　住民

　本問の出典は，川北義則『"自分の時間"のつくり方・愉しみ方』ですが，
当然のことにこれは本文の一部抜粋であり，このくだりがテーマの文章全体
というわけではありません。

　ところで，出典の一部を抜粋するときは，その抜粋部分で一応完結するよ
うな内容として文章を選択します。中途半端な部分で問題文が終了すること
はありません。ということは，**どこかにその文章の要旨なり結論な
りが書かれている**はずです。通常，それは文頭か文末のどちらかに置か
れています。

　本問の場合は，文の流れから言って結論部分は文頭の部分ですね。つま
り，「まとまった休暇というのは，サラリーマンが社会人間という『鎖国』
状態から，生活人へと『開国』する絶好のチャンスである，と私は思う」の
部分が結論で，それ以下の文章は，この結論を具体的に説明するものです。
そうであれば，空欄に入る語は何となく推測できます。

　そこで，本問は比較的短い文章ですから，全体をザッと読んでみて，多分
「生活人」が入るだろうと予測するわけです。そこで初めて隠していた選択

肢の部分を開けて類似の言葉と照合し，**1**を選べば，それで正答にたどり着けます。

もしこの作業をしないと，**3**に引きずられる可能性が大です。そうならないように，できるだけ客観的かつ正確に正答にたどりつく方法を工夫しておくわけです。

こういったことを，過去問演習の中で工夫していけば，現代文も確実に得点源としてカウントできるようになります。

以上のような現代文は，1日1問のペースで進めれば十分です。できれば試験本番までにスー過去を3周程度はしたいところです。

1周目は時間を気にせず解いて，2周目は1問1問を時間を計って解き，何分かかったかを書いておくようにします。3周目は1問3分程度で解けるように工夫してみましょう。

目の付け所や解くテクニックを忘れないようにするために，試験直前まで繰り返し解き続けることがポイントです。

日々の反復読みで稼ごう，英文読解の点数

受験者の中には，英語に対する苦手意識が強く，最初から英語をあきらめて，その分を他の科目で補おうとするような人もいます。

ただ，英語は出題数が多いので，**他の科目でカバーするのは大変**です。

受験勉強という集中して学習する機会があるのですから，国際化時代の公務員の素養として，できれば，ここでしっかりと取り組んでみましょう。レベル的には，それほど難しい英文ではありません。

「公務員試験の英文は，**センター試験と比べるとはるかにやさしい**」というのが，受験生の大方の感想です。

とにかく苦手意識で毛嫌いしないこと。「苦手であることは言い訳にならない」ということは，先にも述べた通りです。確実に合格したいなら，きち

んと取り組むべきです。

　英文は，**１日１問でよいので毎日読むように**します。時間を取り
たくないなら，10分とか15分とか短い時間を決めておき，毎日読んだかど
うかを予定表などで必ずチェックするようにします。とにかく，英語は反復
が勝負。それによって記憶の定着を図ります。

　その場合，ハードな学習方法では続かないでしょうから，１日10〜15分
で済ませるやり方を工夫します。たとえば，次のような方法です。

①スー過去から１問を選び，まず英文を読んで，次に全訳を読む。
②全訳と対比して，意味が分からない単語にマーカーで印をつける。
　　→「英文には黄色で，全訳には赤で」などと色分けしておくと対比し
　　　やすい。
③選択肢を先に読むことはしない。
　　→選択肢の内容が何となく頭に残ったまま英文をみると，分からない
　　　単語が出てきたときに，それに合わせて訳をしてしまうことがあ
　　　る。自分に先入観を持たせないように，選択肢は先に見ない。

これを毎日続けてみましょう。

　同じ問題を何度も繰り返すことも一つの方法ですが，同じ文章では飽きる
でしょうから，毎日別の問題を解いて構いません。その場合には，前の日に
読んだ文章のマーカー部分をチェックするようにします。

　「毎日別の問題を解く方法だと語彙が増えないのでは？」

　そう思うかもしれませんが，レベル的にはそう難しい英文ではありません
から，別の文章でも同じ単語が頻繁に出てきます。その中で反復すれば，自
然と語彙は増えていきます。

　また，全訳を読むことで，どんなテーマが多く扱われているかを知ること
ができるので，そのジャンルが少しでも絞り込めるようなら，そのジャンル
の記事などに日頃から接する機会を増やしておけば，問題で分からない単語
が出てきても，それを推測する手がかりを得ることができます。

こういったことも工夫の一つです（それも負担のかからない方法で…）。

また，全訳と照らし合わせながら，前後関係から知らない単語の意味を類推する練習もしておきましょう。

英語も完璧を期す必要はありませんから，可能な範囲で考えられる工夫を積み重ねるという姿勢を忘れないようにすれば，確実に7〜8割は正答できるようになります。

古文－最低でもスー過去の問題は解く

スー過去「文章理解・資料解釈」に載っている古文の問題は，必修問題をあわせてもわずか10問です。

この程度の問題数をこなすのに，それほど時間はかかりません。

古文の問題では，単語を覚えることよりも，むしろ解き方を覚えるようにします。古文は，文法を理解した上で単語を覚えるという2つのプロセスが必要なので，時間的にそれをこなすのは困難です。

英文読解の場合とは異なり，**選択肢を手掛かりにして**解けないかを試してみましょう。時間をかける必要はありませんから，ちょっと空いた時間などに気分転換を兼ねて解き方を考えてみるなどの方法で構いません。

国家一般職などでは出題されないため，多くの受験生がパスしています。わずか10問の中で一つでも解き方のコツがつかめれば，「みんなが解けない問題で1点」という大きな差をつけられる可能性があります。

資料解釈①
貴重な得点源になる科目

必ず解ける資料解釈，時間短縮が対策のカギ

　資料解釈は，時間さえかければ必ず解けるのが特徴です。

　そのため，合格ラインに達する**得点を確実にカウントできる貴重な科目**です。

　しかし，時間がかかるのが最大の難点。そのため，ここでの学習は**いかに時間短縮を図るか**を目標にすることになります。

　具体的に問題を見てみましょう。

【設問】　次の図から正しくいえるのはどれか。**（地方上級・平成19年度）**

わが国の地域別輸出額の推移

1 2001年における北米及び中南米への輸出額の計を指数100としたとき，2003年における北米及び中南米への輸出額の計の指数は90を下回っている。

2 2001年から2005年までの輸出額の累計について地域別にみると，アジアは北米を50兆円以上，上回っている。

3 2002年から2005年までの各年についてみると，西欧への輸出額に対するアジアへの輸出額の比率は，いずれの年も2.8を上回っている。

4 2003年の輸出額の合計に対する2004年の輸出額の合計の割合は，110%を下回っている。

5 2004年における輸出額の対前年増加率を地域別にみると，最も大きいのはその他であり，次に大きいのは中南米である。

 ## どの選択肢から解くか

さて，本問で**一番解きやすい選択肢はどれ**でしょうか。

皆さんに考えていただくために，ちょっとヒントを出してみたいと思います。

下の表は何を表しているか，考えてみてください。

〔表1〕

	A	B
2001年	− 3	5
2002年	24	8
2003年	53	− 7
2004年	96	− 4
2005年	118	8
計	288	10

　実はこれ，選択肢**2**について，Aはアジアで「200（千億円）」を基準にした過不足の数。Bは北米で「150（千億円）」を基準にした過不足の数です（計は5年間のトータルです）。

　では，なぜ選択肢**2**なのでしょうか。

　そこで，各選択肢をもう一度確認してみましょう。

　1は「指数」，**2**は「累計」，**3**は「比率」，**4**は「割合」，**5**は「増加率」になっています。そして，これらを対比すると，**2**だけが実数つまり一番判断が容易な数になっています。

　そのため，**2**から入ってみようとアタリをつけるわけですね。

　また，これに加えて，次の点も判断材料になります。

---

①アジアについて，2001年の数字が「20兆円」という計算しやすい明快な（判断が容易な）数字に極めて近い数字であること。

②北米の毎年の数字が「15兆円」という，これまた計算しやすい明快な（判断が容易な）数字に近く，また5年間の数字に大きな変動がないので，計算がしやすいこと。

　以上のような点に着目して，この選択肢を計算してみようとアタリをつけるわけです（なお，問題が「50兆円以上」とありますので，**計算は上から3ケタの数字までで十分**です）。

 ## 計算も減らして時間も短縮できる

　もう少し正確に表してみましょう。次のようになります。

〔表2〕

	A		B	
2001年	20兆円を 基準にすると	− 0.3	15兆円を 基準にすると	0.5
2002年		2.4		0.8
2003年		5.3		− 0.7
2004年		9.6		− 0.4
2005年		11.8		0.8
計		28.8		1.0

　AとBの差は表1では278です。表2のように兆円を単位として表すと，27.8兆円になります。なお，最初に表1を作ったのは，**小数点を入れないほうが計算しやすいから**です。ただ，その場合，最終的に数の位には十分に注意してください。

　そして，A（アジア）とB（北米）は，1年で5兆円の差がありますから，5年間では「5兆円×5年＝25兆円」の差が出てきます。これに27.8兆円を加えると52.8兆円になります。

　そして，選択肢**2**の内容は，「50兆円以上，上回っている」でしたから，52.8＞50が成立しますので，これが正答ということになります。

　資料解釈では，こういったポイントを素早く見つける練習をすることで，計算の省力化と解く時間の短縮を図ることが目標です。

資料解釈②　計算を省くための工夫

 「確実な得点源」性で重視する対策を！

　資料解釈は，出題数は少ないのですが，確実な得点源になるので「絶対に得点する」という気持ちで対策を講じます。そのため，資料解釈は判断推理・数的推理と並ぶ重要科目の1つとして扱うのが一般的です。

　また，解き方のカンを養うという点も判断推理・数的推理と同じです。

　そこで，学習の工夫の参考にするために，この分野の過去問をもう1つ検討してみましょう。今度はグラフではなく数表です。

【設問】　表は，ある年における主産6府県の一番茶について，摘採面積，生葉収穫量及び荒茶生産量を示したものである。これから確実にいえるのはどれか。なお，荒茶とは，生葉に加工処理したものをいう。**(国家一般職［大卒］・平成20年度)**

主産府県	摘採面積(ha)	生葉収穫量(t)	荒 茶 生 産 量(t)						
				玉露	かぶせ茶	てん茶	普通せん茶	玉緑茶	番茶	その他
埼　玉	971	2,570	557	0	0	0	555	0	2	0
静　岡	19,200	83,900	18,002	10	120	63	17,500	131	153	25
三　重	3,090	14,100	3,051	16	1,290	36	1,560	0	132	17
京　都	1,430	7,840	1,603	99	182	383	534	0	405	0
奈　良	741	5,930	1,451	0	318	0	550	0	582	1
鹿児島	7,500	38,400	7,548	0	633	0	5,290	134	1,490	1
合　計	32,932	152,740	32,212	125	2,543	482	25,989	265	2,764	44
対前年比(%)	99	93	94	111	94	91	94	94	99	80

出典：農林水産統計「一番茶生産量(主産県)」より引用・加工

1　摘採面積1ha当たりの生葉収穫量が主産6府県の平均を下回って

いるのは，静岡県と三重県の2県である。

2　摘採面積1ha当たりの生葉収穫量が一番多いのは，奈良県である。

3　生葉収穫量に対する荒茶生産量の割合は，いずれの府県においても20％を超えていない。

4　主産6府県全体での前年の玉露の生産量は，100tを下回っている。

5　荒茶生産量に占める普通せん茶の生産量の割合は，いずれの府県においても50％を超えている。

　表の問題には表独特の作り方があり，出題者側のいろんな工夫がなされています。

　まず，通常，**最初の選択肢には簡単に判断できるものをもってきません。**受験者は，通常は選択肢**1**から順に解いていきますから，選択肢**1**には複雑なものを置くようにします。本問でも，やはりそうですね。選択肢**1**では，まず「摘採面積1ha当たりの生葉収穫量」について，「主産6府県の平均」を出した上で，各県の「摘採面積1ha当たりの生葉収穫量」を計算しなければなりません。**計算はかなり面倒です。**

　試しにやってみましょうか。

	対象	計　算	平均との上下
1	平均	152,740 ÷ 32,932 ≒ 4.64	
2	埼玉	2,570 ÷ 971 ≒ 2.65	下
3	静岡	83,900 ÷ 19,200 ≒ 4.37	下
4	三重	14,100 ÷ 3,090 ≒ 4.56	下
5	京都	7,840 ÷ 1,430 ≒ 5.48	上
6	奈良	5,930 ÷ 741 ≒ 8.00	上
7	鹿児島	38,400 ÷ 7,500 = 5.12	上

　この選択肢の内容は，「摘採面積1ha当たりの生葉収穫量が主産6府県の平均を下回っているのは，静岡県と三重県の2県である。」でした。そして，計算の結果では埼玉県も下回っていますから，**1**は誤りとなります。

　なお，**1は，平均値を出した後で，上から順番に計算をやって
いけば**，最初の埼玉県についての計算で正誤判断ができます（埼玉県が下
回っているので）。でも，仮に，「静岡県と三重県の２県」以外に平均値が下
回っているのが鹿児島県であれば，最後まで計算しなければなりません。で
すから，やはり，「計算するのが大変な選択肢」に含められるでしょう。
　そこで，もっとうまい解き方ができないかを工夫するわけです。

 「工夫」を意識！計算の省力化を考えよう

　計算の省力化を考える場合，まず着目するのは，**「すべての」という
言葉が用いられている選択肢**です。なぜなら，すべてと書いてある場
合，正誤判断のためには全部を計算しなければならないからです。そこで，
これについては後回しにします。本問では，**3**と**5**ですね。
　そこで，考える順序です。

---

①選択肢**3**と**5**は，『いずれの』という言葉で計算の回数が多いと判断
　できるので，とりあえず後回しにする。
②選択肢**1**と**2**も，すべての府県について計算したうえで比較をするな
　らば，計算の回数が多くなる。
③他方，選択肢**4**は少ない計算で判断できる。
　　すなわち，**4**を求めるための計算式は次のようになる。
　　「前年の玉露の生産量」× 1.11 ＝ 125t
　　そして，**4**は，「前年の玉露の生産量は，100tを下回っている」で
　ある。そこで，もしも前年が100tであったとすると，このデータの
　年は100t × 1.11 ＝ 111tということになるが，実際にはそれを上回
　る125tになっている。ということは，前年の玉露の生産量は100t
　より多い数でなければならず，それ以下ではありえない。
　　したがって，**4**はすぐに誤りであることがわかる。

第1章　教養試験の解き方・学び方

④そこで，**1〜3**と**5**のうち，どれから先に取り掛かるかを考える。

　さて，この場合に基準にすべきなのは，

「計算が簡単なもの」

です。これはよく覚えておいてください。

　では，それを探してみましょう。その選択肢は**2**です。なぜだか分かりますか？

　試しに，奈良県の摘採面積「741」を8倍してみましょう。

　答えは5,928です。そして，生葉収穫量は「5,930」となっています。つまり，ほぼぴったり8倍なのです。そうすると，あとは他の府県の摘採面積の数を，**それぞれ8倍して判断すればよい**わけです。

　たとえば，埼玉は「971」と「2,570」ですが，後者が前者の8倍以下であることは，きちんと計算するまでもなく明らかです。そして，これは他の5府県も同じです。これで，選択肢**2**が正答であることが分かります。

資料解釈は「1日1問」を試験直前まで続ける

　資料解釈も，結局は方法の工夫がポイントで，解き方のカンをつけて時間短縮を図ることが学習目標になります。

　そのためには問題を解き続けることが重要で，「1日1問」を試験直前まで続けるようにします。判断推理・数的推理の学習の後に，毎日1問を解くようにスケジュールに組み込んでおけばよいでしょう。秋から始めれば，毎日10〜20分程度の割り当て時間でスー過去の問題を3回以上繰り返すことができます。

　4月以降は，「もう少し工夫すれば解けるはずだ」といった問題などをピックアップしながら，本番の試験まで続けていくようにしましょう。

知識分野の学習方法

知識分野とは？

　知識分野とは，数学，理科，社会などの諸科目をいい，**自然科学・人文科学・社会科学**の３つに分類されています。

　このうち，社会科学については専門試験の知識で基本的にカバーできるので，最初に紹介した試験のうち基本形の試験を受ける場合は，学習時間を大幅に省略できます（専門試験が課されない国立大学法人や自治体を受験する場合には，社会科学も含めて対策を立てておく必要があります）。

　知識分野のうち，社会科学の科目は比較的出題数が多いのですが，自然科学と人文科学の科目はどれも１〜２問程度で，出題範囲が広い割には出題数が少ないため，ここでも学習の工夫が重要になってきます。

知識分野の対策の一般的ルール

　知識分野の対策を組む際の一般的なルールを説明しておきます。周辺科目に充てられる時間は限られていますから，それを効率的に使う工夫です。

- ・地学や日本史などの記憶の科目より，数学や物理などの理論系の科目を先に始める。
- ・教養の周辺科目と専門の周辺科目では教養を先に始める。
  - →高校時代の知識が残っていれば，記憶の維持が長持ちする

　理論系の科目を先に済ませてしまい，その後で記憶の科目を始めれば，1

日の中で周辺科目に割く時間は，受験対策の全期間を通して主要科目の合間の時間を少しとる程度で済みます。なにも，数学・理科・社会の**全科目を同時並行して学習する必要はありません。**

　また，先に教養の周辺科目を一通り済ませておけば，試験直前の大事な時期に，専門の周辺科目に十分な時間を割り当てることができるようになります。専門の社会学や経営学など，学習するのがまったく初めてという科目の場合には，ゼロからのスタートなので記憶が長続きしません。そのために，直前の時期に集中して知識を仕入れるための時間を確保しておくわけです。

　教養の知識科目を先に仕上げておけば，その記憶の維持にはほんのちょっとの時間があれば十分ですから，1日に使える残りの時間に余裕が出てくるという意味で，がぜん有利になってきます。

「正文化」の方法を用いる

　知識分野のうち，自然科学の科目では計算問題が入ってきますが，人文科学と社会科学では，ほぼすべてが知識問題です。また，自然科学でも，知識問題がかなりの割合を占めています。

　この種の問題では知識があれば正答できるので，正文化して覚え込むという方法を取ります。**正文化とは次のような作業**をいいます。

　まず問題です。次のような文章題（化学）があるとします。

【設問】気体の性質に関する記述として，妥当なのはどれか。（地方上級・平成18年度）

1　塩素は，無色で刺激臭がある気体であり，同温，同圧，同体積で比べると，ヘリウムに次いで軽く，水に溶けると塩素水になる。

2　酸素は，無色で無臭の気体であり，実験室で発生させる場合，さらし粉に塩酸を加えて，下方置換で捕集する。

3　水素は，無色で無臭の気体であり，同温，同圧，同体積で比べると，すべての気体の中で最も軽く，亜鉛に希硫酸を加えると得られ

る。

4 二酸化硫黄は，黄緑色で刺激臭がある気体であり，人体に有毒で，水に溶けるとアルカリ性を示す。

5 二酸化炭素は，無色で無臭の気体であり，同温，同圧，同体積で比べると，空気より軽く，空気中で燃焼させると青白い炎を出して燃える。

これを正文化すると，次のようになります。

なお，正答肢からもきちんと知識を仕入れるように，重要な部分にはチェックを入れておきましょう。

【設問】気体の性質に関する記述として，妥当なのはどれか。（地方上級・平成18年度）

1 塩素は，~~無色~~（○黄緑色）で刺激臭がある気体であり，同温，同圧，同体積で比べると，~~ヘリウムに次いで軽く~~（○塩素はかなり重い気体で「ヘリウムに次いで軽い」とはいえない），水に溶けると塩素水になる。

2 酸素は，無色で無臭の気体であり，実験室で発生させる場合，~~さらし粉に塩酸~~（○過酸化水素水に酸化マンガン(Ⅳ)）を加えて，下方置換で捕集する。→「さらし粉に塩酸」で発生する気体は塩素。

3 水素は，無色で無臭の気体であり，同温，同圧，同体積で比べると，すべての気体の中で最も軽く，亜鉛に希硫酸を加えると得られる。

4 二酸化硫黄は，~~黄緑色~~（○無色）で刺激臭がある気体であり，人体に有毒で，水に溶けると~~アルカリ性~~（○弱酸性）を示す。

5 二酸化炭素は，無色で無臭の気体であり，同温，同圧，同体積で比べると，~~空気より軽く~~（○空気より重く），~~空気中で燃焼させると青白い炎を出して燃える~~（○二酸化炭素は不燃性）。

正答 **3**

111

第1章 教養試験の解き方・学び方

ここで覚えるべき内容は次のような事項です（スー過去に書いてあります）。

1 塩素…緑黄色，重い気体，さらし粉に塩酸を加えて発生

2 酸素…過酸化水素水に酸化マンガンを加えて発生

3 水素…無色・無臭，気体の中で最も軽い

4 二酸化硫黄…無色，水に溶けると弱酸性

5 二酸化炭素…無色・無臭，空気より重い，不燃性

また，その中で自分なりに気になることを直接スー過去にメモ書きしておくと，記憶の定着を図れます。

たとえば，「本問の気体の中で色がついているのは塩素だけ」とか，「二酸化硫黄は黄色という印象があるが，実は無色」など，自由に思いついたことで構いません。

このようにすると，**必要な情報量はぐっと少なくなりますし**，また覚えるのも楽になります。

苦手科目も最低限はする，得意科目は深める！

知識分野の科目は，出題数の関係で，つい省略してしまいそうになるのですが，合格を確実にするために，「他の受験者より少しでも多く努力する」という姿勢で1点を積み上げる方法を取っていきます。

基本的な姿勢は，「苦手科目も最低限はする，得意科目は深める」です。ここで「最低限はする」とは，

　・スー過去に必ず目を通して問題のレベルを確かめる。

　・スー過去の「試験別出題傾向と対策」で出題分野を確認する。

　・必修問題や実戦問題の中から解けそうな問題を選んで解いてみる。

など，簡単にできることはすべて実行するということです。何も，「その科目の導入本を買ってきて読め」と言っているわけはありません。高校参考書や大学入試の対策本は，それぞれの科目を網羅的に説明してあります。で

も，公務員試験では出題範囲がかなり限定されているので，それでは効率が悪すぎます。

　基本的なスタンスは以下の通りです。

> 苦手科目でも一通りできることは実行する。
> それで1点取れればもうけもの。合格を，より確実なものにできる。
> ただ，取れなくても仕方がない。
> その場合に備えて，他の科目でカバーできるように計画する。
> これが「得意科目は深める」ということ。
> トータルで7割を超えられるように常に意識しながら学習を進める。

　では，科目ごとに方法を説明します。

自然科学は 1点を積み上げる工夫を！

●数学

　数学は，高校時代に学習しているはずですから，まったく知識がない科目ではありません。そこで，まずスー過去に目を通してみましょう。多分，意外に基礎的なレベルだということに気づくはずです。

　一通り目を通したら，次に出題範囲を確認してみましょう（スー過去「自然科学」の試験別出題傾向と対策）。

　たとえば地方上級の場合なら，ほぼ，「数と式」「方程式と不等式」「関数とグラフ」の3つに限られます。これらは，いずれも数ⅠAの単元で，高校数学のいわば導入部分ですから，理論的にもそれほど難解ではありません。このくらいならやれそうだという感覚が出てくれば，しめたものです。

　同じように，他の試験でも出題頻度の高い個所を確認します。この過程で，ベクトルのように出題頻度の低い単元があることに気づくはずです。この作業を通して，**全部の単元を網羅する必要がない**ことをしっかり意識してください。

　そこで対策ですが，数学は一度カンを取り戻しておけば，あとは公式の知識を維持すればよいので，少し早めに始めるようにします。志望する試験の問題を，数学に充てる時間—毎日1時間程度—を使って実際に解いてみましょう。

　地方上級の上記3つの単元だけなら，1週間もあれば十分でしょう。2周目ならもっと早くなるでしょうし，3周目はかなり短時間で済んでしまうはずです。

　数学の対策としては，**スー過去に載っている問題を解くだけ**ですから，何も毎日を数学に充てる必要はありません。そこで，数学・物理・化学といった理論系の科目を1日おきに入れていくようにします。そうすれば，「残り科目が多い」という気持ちの負担もかなり軽減されてくるはずです。

　数学に充てる時間を「1時間」としたのは，受験勉強は主要科目が中心で

すから，周辺科目はその空き時間を使うためです。たとえば，午前中を教養の勉強に充てて，その大半を判断推理・数的推理に費やす計画なら，「判断推理と数的推理の間に30分〜1時間を取って知識科目に充てる」といった時間の組み方です。

●物理

　物理は，自然科学の中でも，心理的な拒否反応が強い科目でしょう。

　しかし，ここでも次のことを確認しておきましょう。

　・**基礎的な問題しか出ない。**

　・**出題箇所は限られている。**

　一方，スー過去で物理をやった場合のメリットは，

　・**他の受験者がやらないこの科目をやったという充実感**

　・**一歩先んじたかもしれないという気持ちの張り**

です。

　本番の試験で1点を取れるかとれないかよりも，「自分は隙を作っていない」というメンタル面の効果のほうが大きいかもしれません。でも，それだけの波及効果があれば十分です。

　学習の進め方は数学の場合と同じです。つまり，出題範囲を特定して，その中の問題を解くという方法です。物理を苦手としているならば，スー過去以外に手を広げる必要はありません。また，高校時代に物理を選択していないので知識ゼロという場合でも，**スー過去だけは必ず目を通してください。**

　実際にやってみましょう。地方上級の頻出分野の「力のつりあい」の問題です。

【設問】　次の図のように，重さ200Nの荷物に2本の綱を付け，2人の人が綱を背負って荷物を支えた。綱はどちらも水平方向と30度の角度をなしていたとすると，人は何Nの力で綱を引かなければならないか。ただし，綱の重さは無視してよいものとする。**（市役所・平成18年度）**

1	200N
2	205N
3	210N
4	215N
5	220N

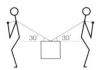

解説はこうなっています。

STEP①　荷物に働く３つの力を図示する

　２本の綱に働く張力の大きさは等しいので，これをT〔N〕と置く。１人の人が綱を引く力の大きさもT〔N〕である。ここで，**平行四辺形の法則**を用いて２つの張力の合力を作図すると，図１のように**合力は鉛直上向き**となり，これが下向きの重力とつりあっている。

STEP②　図より，合力の大きさFを求める

　図１より，２つの張力Tの矢印を隣り合う２辺とする平行四辺形はひし形になり，しかも120°の角をなすことから，正三角形を２つ張り合わせた形になっていることがわかる。よって，合力の大きさFは，張力の大きさTに等しい。すなわち，$T = F$である。

STEP③　鉛直方向のつりあいからTを求める

　張力の合力Fは，鉛直下向きの200 Nの重力とつりあうから，$F = 200$〔N〕である。一方，STEP②の考察より$T = F$であるから，$T = 200$〔N〕となる。

　よって，**1**が正答となる。

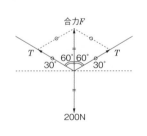

正答　1

それで，具体的にどうするかと言いますと，

　　1回目…解説を読んで，「へえ～，そうなんだ！」という「ふ～ん」と
　　　　　いう程度で終える。

116

　2回目…「ああ，こう考えれば解けるんだ。今度やるときは，解説を読まずに解いてみよう。」と考える。

　3回目…解説を読まずに解いてみて，「おお，解けるじゃないか！」と感心する。

　4回目…「この問題なら絶対解けるね！」と自分の中で確認する。

　この場合，「では，角度が27°という問題が出題されたらどうしよう」などと思う必要はありません。そんな問題は絶対に出題されませんから。

　また，どうしても解けない問題があった場合には，それも解けないままで構いません。スー過去の地方上級の問題であっても「＊」が複数ついている問題は，解けなければ解けないままで結構です。要するに，その年の物理が難しかったというだけのことなのです。

　つまり，苦手科目の場合は，**本当に基礎的な問題をどう解くかだけ**を考えておけばよく，それ以外の問題が出たらあっさりとあきらめるという対策で十分です。そうでないと，学習範囲が際限なく広がって収拾がつかなくなります。不安に駆られてむやみに手を広げ，自分で墓穴を掘る人がいるからこそ，倍率が上がっても合格ラインが上がらないわけです。

　なお，前述した1回目〜4回目の解き方のイメージは覚えておいてください。経済学の知識ゼロという人がスー過去のミクロ・マクロを解くときに，ほぼ同じ方法で進めますから。

●化学

　科目の特徴としては物理よりも知識問題が多くなっています。

　化学は，理論，無機，有機に分類されますが，計算問題は主に理論分野で出題され，無機化学・有機化学（特に有機）では知識問題が出題されます。

　スー過去の「第2章　化学」の問題をザッと見てください。計算問題と知識問題がまじりあっています。そして，化学の難点はここ，つまり計算だけならば，時期的に早く始めても構わないのですが，知識（＝記憶）の部分ということになると，できるだけ試験本番に近い時期に集中的に学習するほうが効率がよいのです。

　ただ，後に回してばかりでは日程が苦しくなってきますから，数学のとこ

ろで説明したように，スタートの段階から，「1日おきに数学・物理・化学を繰り返す」という方法で，化学も早めに始めます。

高校の化学の入門書とか大学受験用のマスター本などを，新たに買ってきて使う必要はありません。理論，つまりモルから始めていたのでは，とても時間が足りません。

学習方法としては，

- **試験別出題傾向と対策で出題範囲を特定する**
- **必修問題と，実戦問題の中の基本レベルの問題を解く**
- **計算問題は物理と同じ手順で，知識問題は正文化の方法で解いてみる**
- **スー過去を繰り返す**
- **どうしても解けない問題は捨てる**

という手順を取ります。

化学は「中学校の理科で酸化と還元などの実験の記憶が残っている」という人も少なくないでしょう。つまり，文系学部の受験者でも全く予備知識がないというわけではありません。ですから，少しはとっかかりがあると思って，苦手意識を作らないように気持ちをコントロールしながらスー過去に取り組むようにします。

もし，高校時代に化学を選択していて，教科書や副読本などが手元に残っているようならば，

- **スー過去の解説だけでは十分に理解できないという部分があれば，教科書等を見て知識を確かめる。**
- **スー過去の問題を何度か解きおえた後で，その出題傾向とレベルを参考にしながら，化学の教科書の基本レベルの問題を網羅的に解く。**

そうすれば，化学は穴がなくなり，確実に得点をカウントできる科目になります。これが，「**得意科目は深める**」という方法です。

●生物・地学

生物と地学は，数学と物理に一区切りがつく頃から学習を始めます。

数学と物理は，おおよそ1か月程度で目途がつくはずですから，目途がついた段階で，その時間を減らして生物と地学に時間を割り当てます。そうす

れば，主要科目の時間を減らさずに済みます。

　まず，生物は遺伝の分野を中心に計算問題が出題されることがありますが，基本的には知識問題です。

　理論的な部分が少なく覚えれば済むので，**スー過去の問題をどんどん解いていきます。**学習の進め方はここでも同じ。

- **・出題範囲を特定して，必修問題と，実践問題のうちの基礎的な問題（＊の数で判断する）をまず解いてみる。**
- **・解けそうなら難度の高い問題も解く。**
- **・以上を繰り返す。**

　生物は，点の取りやすい科目です。取りつきやすく，また興味をもちやすい科目ですから，高校時代に生物を選択した人は多いはずです。そんな人は，生物を深めておきましょう。方法は化学で説明した通りです。

- **・スー過去の解説だけでは十分に理解できないという部分があれば，教科書等を見て知識を確かめる。**
- **・スー過去の問題を何度か解きおえた後で，その出題傾向とレベルを参考にしながら，生物の教科書の基本レベルの問題を網羅的に解く。**

　そうやって，生物はできるだけ穴がないようにしておいて，得点をカウントできる科目に仕上げていきます。

　地学は，過去問に計算問題が登場していますが，読めばわかるレベルで，基本的には知識の科目です。

　覚えればよいので，必ず得点できるようにしておきます。

　地学も，学習の進め方は同じで，出題範囲を特定してスー過去を解きます。それほど難解な科目ではないので，よほど難度の高いような問題以外はすべて解くようにします。これを繰り返して，知識を固めていきます。

人文科学は手を広げすぎないように注意

　理論系の科目が多い自然科学に目途がついたら，同じ時間帯を使って人文科学を始めます。文系の受験者は，この分野を得意としている人が多いはずです。大学受験時の知識を復活させて，できるだけ多くの得点を確保できるように仕上げていきます。1〜2か月程度を目途にすればいいでしょう。あとは，その記憶を試験まで維持できるようにします。

●日本史

　日本史の学習にインプットは不要です。高校時代に日本史を選択していて，その教科書や参考書などが残っていれば，それをひっぱり出してきて，横に置いておきます。学習の進め方は，以下の通りです。

- **・スー過去の試験別出題傾向と対策で出題範囲を確認して，その範囲の問題を解く。**
- **・これを繰り返して，過去問で必要とされている知識を固めてしまう。**

　この作業を一通り終えると，過去問で問われている箇所が，かなり断片的であることが分かると思います。過去問を解いただけでは，いわばピンポイントで知識を潰していっただけにすぎません。

　そして，日本史の問題が解けるかどうかは，単に「知っているかどうか」だけですから，「別の箇所が出たらどうしよう」と不安になるはずです。

　そこで，高校のときの教科書類を使って，時間の許す範囲で少しでも多くの知識を広げていきます。教科書等の問題よりも先にスー過去を解くのは，公務員試験のレベルや傾向を把握して，どこまで広げるかを限定していくためです。高校時代に日本史を選択していなければ，「スー過去に載っている問題だけでも確実に解いておこう。同じ問題が出たら絶対にとれるようにしよう」という気持ちで臨みます。

　常に効率を意識しておかないと，学習範囲が際限なく広がってしまいますから，出題箇所や出題のレベルを過去問で確認しながら，どこまで手を広げるかをきちんと意識するようにします。たとえ日本史が得意でも，完璧

を狙う必要はありません。そのために，数学や物理についても最低限はやっているのですから。それで，「他の受験者よりも少しでも多く努力する」という基準は満たしているはずです。

　学習範囲は，地方上級ならば鎌倉以降に限定します。国家一般職の場合は飛鳥や平安からも出題されますが，ここに手を出すのは，鎌倉以降を押さえた後にします。それ以上は範囲を広げずに，知識を固めることを優先させます。

　日本史も，最終的には**自分がやっていない分野から出題された場合にはあきらめる**という気持ちが大事です。

●世界史・地理

　世界史は，日本史と異なり，問題の素材として登場する場所があちこちに飛ぶので，「関係がよくわからず体系的な思考ができない」「カタカナの固有名称を覚えるのがいや」など，これを不得意としている人が多い科目です。

　スー過去の問題は一通り解くとして，それ以外にどこまで範囲を広げるかの判断がつきにくいので，基本的にはスー過去の知識で済ませて構いません。

　少なくとも，「過去問に登場した問題は必ず解けるようにしておく」「同じ問題が出たら絶対に正答する」という気持ちで臨みます。

　これだけでも，ある程度の範囲をカバーできます。

　その上で，時間が少しでも確保できるようなら，頻出箇所の中からいくつか選んで，知識を仕入れるようにします。たとえば，「市民革命や産業革命の部分をつぶそう。専門の知識と多少はリンクできるので面白いかも…」など，興味をもてる箇所を時間の許す範囲で知識を広げておきます。基準はあくまでも**「頻出箇所に限る」**です。

　地理は，場所を覚えるのが面倒ということのほかに，貿易統計などのように覚えにくい要素が含まれていますから苦手意識を持つ人もいるようです。

　ただ，問題文を読んで内容がわかるという意味では，世界史よりも気分は楽です。

また，過去問に登場する知識が別の問題で応用できることが多いので，スー過去を一通り潰しておけば，その知識を他の問題で活用できる点もメリットです。

基本的にはスー過去で十分ですから，何度も繰り返して理解を深めておくようにします。

●思想と文学・芸術

あまり時間をかけずに，スー過去を2～3回解いておきます。解き方は，さっと目を流す程度です。

「ああ，こんな問題が出るんだ」という程度で済ませます。問題に慣れておくためです。

興味がわいた箇所や，こじつけ，語呂合わせなどで覚えられそうな箇所には書き込みを入れておきます。

あとは，直前の時期に『新・光速マスター　人文科学』（実務教育出版）の思想，文学・芸術の部分を丸暗記します。

対策としては，これで終わりで，これ以上のことはしなくて構いません。

社会科学は 得点を計算できる分野

出題分野は専門科目と重なっている

　出題分野は，法学一般，憲法，政治学，国際関係，ミクロ・マクロ経済学，経済事情，社会学・心理学，社会事情などです。これらは，ほぼすべてが専門科目と重なっています。　専門科目がある試験を受験する場合は，専門の勉強が一通り済んでから解いて構いません。専門科目の知識で大半がカバーできるからです。

　専門の知識で解けるところは飛ばして，最新の法改正のように専門で出題されていない箇所を一通りチェックしておきます。

　社会科学は，**専門の知識があれば得点源**になりますから，学習計画を立てる際には，「ある程度の点数はこの分野で確保できる」として計算しておけばよいでしょう。

　一方，専門科目がない試験のみを受験する場合（たとえば国立大学法人，教養試験のみの自治体）は，ＰＯＩＮＴを活用した対策をとります。

　まずＰＯＩＮＴを読み，必修問題を解き，「ああ，これのことか！」というスー過去の一般的なパターンで問題を解いていきます。

　過去問は，社会科学のすべての分野が網羅されているわけではありませんが，スー過去に載っている問題は出題頻度の高い分野ですから，ていねいに解いていきます。

　社会科学を始める時期は，専門科目に目途がついてからで十分です。

　専門科目がない試験のみを受験する場合には，地方上級などの受験者が専門科目に充てている時間を使えばよいでしょう。

時事問題は『速攻の時事』で

社会科学のうちの経済事情や社会事情など，時事的な問題については『速攻の時事』で済ませるのが定番になっています。

毎年2月に発売され，最初の入荷本がすぐに売り切れる場合があるので，できれば予約をしておきたいところです。

次の入荷まで数日かかり，その間に他の受験生がこの本を見ていると，気持ち的に焦ります。直前の時期なので，そういった焦りが生じないように，自分に対して気を使うことも重要な試験対策の一つです。

時事は，最近の社会の動向を知っているかどうかという意味で，公務員にとって大切な素養になるので，結構重要です。また，時事は面接にも役立てることができます（面接シートの「最近関心を持ったことは何か」などの素材になります）。

『速攻の時事』は，内容的に重たいものではなく，気軽に読めるので，食事の時間にちょっと読む，時間が空いたらちょっと読むという程度で構いません。ただ，毎日寝る前の時間に10分程度読む習慣をつけてください。マーカーなどを使って，自分にわかりやすい本に仕上げていけばよいでしょう。数字もたくさん書いてありますが，特徴的なもの，あるいは象徴的なのですから，できるだけこまめにチェックするようにしてください。

時事も完璧を目指す必要はありませんが，比較的点の取りやすい科目ですから，何度も繰り返して記憶を正確なものにしておけば，『速攻の時事』だけで十分に得点源にすることができます。

第2章

専門試験の
解き方・学び方

法学部・経済学部の出身者も
別に有利ではありません。
過去問を繰り返す勉強法は
学部に関係なく有効です！

専門対策の基本とは

 出題科目の基本形を知ろう

　まず，専門試験の典型的な出題科目を見てみましょう。多くの場合，五肢択一式のマークシート方式で行われます。

　最初に，令和5年度の国家一般職［大卒］と地方上級（全国型）の専門試験の出題例を挙げておきます。

〈国家一般職［大卒］の出題科目〉

科　　目		出題数
政治学		5
行政学		5
法律	憲法	5
	行政法	5
	民法（総則・物権）	5
	民法（債権・親族・相続）	5
経済	ミクロ経済学	5
	マクロ経済学	5
	財政学・経済事情	5
経営学		5
国際関係		5
社会学		5
心理学		5
教育学		5
英語（基礎）		5
英語（一般）		5

＊16科目中8科目（40問）の選択解答制

〈地方上級（全国型）の出題科目〉

科　　目		出題数
政治学		2
行政学		2
法律	憲法	4
	行政法	5
	民法	4
	刑法	2
	労働法	2
経済	経済原論	9
	財政学	3
社会政策		3
国際関係		2
経営学		2

＊40問全問必須解答

＊経済原論は，ミクロ経済学とマクロ経済学を合わせたもの

表からおよその科目がわかると思います。 まず，国家一般職と地方上級の試験科目がほぼ重なっていることに注目してください。この国家一般職・地方上級の試験科目が，公務員試験をいくつも併願していく場合の対策の**基本形**になります。 そのことを確かめるために，他の試験の科目を見てみましょう。

国税専門官を併願する場合は基本形に合わせる

国税専門官の出題科目ですが，基礎能力試験（教養試験）については基本形と特段違いはありませんが，専門試験では独自性のある科目が登場します。
①**必須科目**：民法・商法，会計学（簿記を含む）の2科目から各8問ずつ計16問に解答
　※「民法・商法」は，民法6問，商法2問
②**選択科目**：憲法・行政法，経済学，財政学，経営学，政治学・社会学・社会事情，英語，商業英語，情報数学，情報工学の9科目から4科目24問を選択解答
（合計40題解答）

この中では，**商法**と**会計学**が特徴的です。ただ，それ以外は基本形と違いはありません。選択科目の情報数学や情報工学などは特殊なようにみえますが，これらは必須科目ではないので，基本形の憲法や経済学などを選択すればよいだけのことです。

商法は出題数が少ないので，民法などを確実に得点していれば，大きな影響はありません。 会計学については，計算というイメージがつきものですが，実際の出題は文章題が大半で，簡単にいえば記憶の科目です。そのため，裁判所一般職の試験終了後の「直前の1週間」のスー過去演習で仕上げている（これで大体半分は取れます）合格者が多いのが実情です。

なお，国税専門官が第一志望であれば，合格をより確実なものにするために，会計学はきちんと学習計画に組み込んでおくのは当然です。

裁判所一般職も基本形の対策で十分！

　裁判所一般職［大卒］の場合，基礎能力試験は国家一般職・専門職よりもシンプルで，基本形の対策で十分対処できます。一方，専門試験は次のようになっています。

①必須科目：憲法，民法の2科目から計20問　※憲法7問，民法13問

②選択科目：刑法（10問）と経済学（10問）のいずれかを選択

（合計30問解答）

　裁判所の場合は過去問が裁判所ウェブサイトで公開されていますから，一度目を通してください。

　過去問を見ると，刑法の出題形式がかなり特徴的なのがわかると思います。刑法の問題は，高い事務処理能力が要求され，解くのに時間がかかります。そのため，法学部生で刑法を勉強した人でも，刑法ではなく経済学を選択する人が毎年かなり多いのが実情です。経済学を選択すると，専門試験の試験科目は憲法，民法，経済学の3科目ですから，基本形の対策でよいことになります。

東京都Ⅰ類Bの記述式対策も基本形でカバーできる

　東京都Ⅰ類B（Ⅰ類は上級職でBは大卒のこと，ちなみにⅠ類Aは院卒者が対象です）は道府県や政令指定都市などの地方上級試験とは別の日に試験日が設定されているため，全国から毎年多くの人が受験している人気の試験です。

　東京都Ⅰ類Bの事務職も，以前は，他の自治体と同じように専門試験がマークシート方式で行われていました。ところが，平成21年度の試験から専門試験についてマークシートをやめて**記述式試験**に変わりました（教養試験は従来のままマークシートです）。

　では，特別の対策が必要かというと，必ずしもそうではありません。

　実際の出題例を見てみましょう。次は，民法の出題例です。

【23年度】保証債務の意義及び性質について説明せよ。

【25年度】動産の即時取得の意義，要件及び効果について説明せよ。

　毎年このような問題が出題されていますが，たとえば民法なら，スー過去民法の各章のレジュメ部分である「ＰＯＩＮＴ」から必要な記述を抜き出して整序立てて書いておけば合格答案を作れます。

　そのため，東京都Ｉ類Ｂの受験者の多くも，基本形で学習計画を立てながら，裁判所や国税専門官，地方上級などと併願しています。

特殊な試験でなければ対策は基本形でよい

　公務員試験の中には，外国語についての高い能力が要求される外務省専門職員や防衛省専門職員とか，専門科目の理解を深めないと合格が難しい裁判所総合職（家庭裁判所調査官補）などの特別な職種もあります。ただ，通常多くの者が受験する事務職の試験では，特別な対策が必要とされるわけではなく，基本形の対策で対処できます。

専門科目の学習における注意点

スタートは主要科目から！

　専門試験の学習は，**憲法，行政法，民法，ミクロ経済学，マクロ経済学**の5つを中心に進めていきます。いわゆる公務員試験専門分野の主要科目です。

　なぜ，この5つが中心かと言いますと，

- **・出題数が多い**
- **・点数が取れるようになるのに時間がかかる**

ことが理由です。

　では，それ以外の科目，すなわち政治学，行政学，国際関係などの周辺科目はというと，少なくとも公務員試験対策としては，直前の時期に集中的に覚え込むだけでも得点が確保できます。ただ，これまでにも説明してきたように，「覚えれば解ける」というのなら忘れるのも早いわけです。また，周辺科目は数が多いので，1つの科目に割ける時間はそう多くありません。

　ですから，できるだけ試験に近い時期に，一気にスー過去を解いて集中的に知識を覚え込むほうが学習効率がよいのです。

　そうであれば，学習をスタートする段階では，**周辺科目のことはまだ考えなくて構いません**。まずは，主要科目について計画を立てていきましょう。

1日の時間配分の典型例

　合格者の1日のスケジュールをみると，午前中に教養科目，夕方までの時間帯を専門の法律科目（憲法・行政法・民法），夜の時間帯を専門の経済科目（ミクロ・マクロ経済学）に充てるというパターンが多いようです。

　ただ，これは学習のペースが軌道に乗ってきてからの時間配分例です。法律科目のスタートは，**憲法から取り掛かる**ようにします。憲法は，こ

れまで中学や高校の社会，あるいは日本史などで学んできた科目なので，基礎知識が入っている分，取り組みやすいはずですし，またそれだけ覚える必要がある量も少なくて済むと思えば，スー過去「憲法」の厚さを見ても，先が見える気がするので取り掛かるのが楽になるはずです。

　憲法が少し軌道に乗り始めたら，行政法と民法にも取り掛かります。

　経済科目はどちらから始めても構いません。スー過去のミクロ・マクロをザッと見て，取り掛かり易そうだと感じたほうから始めます。

　憲法もミクロ・マクロも，スー過去でそれぞれ毎日1テーマずつを目標に解き進めていきます。

 法律科目では六法を用意すべき？

　六法を用意すべきかどうかは，どんな環境で勉強するかによって違ってきます。

　勉強時間はたいていパソコンの横にいて，かつインターネットに接続しているという状況であれば，六法をいちいち引くよりも，総務省が提供しているイーガブ（電子政府の総合窓口e-Gov）の**「法令データ提供システム」を使うほうが効率的**です。イーガブのページから入らなくても，グーグルなどの検索サイトで法令名を入力すれば，検索結果を表示した最初のページでたいてい出てきます。条文以外の余計な記載は一切ないので，どこが提供しているのかわかりにくいのですが，ＵＲＬに「law.e-gov.go.jp」の文字が含まれていればイーガブです。

　メリットは，

- **・早く簡単に検索できる**
- **・改正法の施行などに合わせて，条文が常に最新の状態になっている**
- **・コンパクトな六法には掲載がない政省令なども簡単に検索できる**

ことです。

　公務員試験の場合，条文を検索する頻度はそんなに高くありません。また，六法には判例付きのものもありますが，六法でいちいち判例を確認するよりもスー過去にまとめてしまったほうが使い勝手がよいので，**判例が付**

いていてもあまりメリットはありません。持ち運ぶ手間もあるので，インターネットで済ませられるなら，そちらのほうが便利でしょう。

このイーガブによる法令検索は，インターネットにつながっているスマホでも利用できます。

ただ，「スマホは画面が小さいので検索しにくい」など，**本を利用するほうがよいというのであれば，**コンパクトな六法を選べばよいでしょう。わざわざ高価な判例付きのものを選ばなくても，**『ポケット六法』**（有斐閣）などでも十分です。コンパクトなものは収録法令が少ないので，それでは足りないというのであれば，**『公務員試験六法』**（三省堂）を準備しておけばよいと思います。

なお，六法は，新年度版が毎年10月〜11月にかけて発売されるので，それ以前に法律の学習を始める場合，書店にあるのは旧年度版ですから十分注意してください。

旧年度版を先に購入して勉強をスタートさせている場合，10月〜11月に新年度版に買いかえればよいのですが，そのまま旧年度版を使っている人をたまに見かけます。最近は法改正が頻繁に行われているので，**六法は常に最新のもの**を使うように心がけてください。

 ## 判例を調べたいが，方法はある？

判例を調べたい場合には，**裁判所のウェブサイト**で「裁判例情報→最高裁判所判例集」に進みます。刑法など，一部の科目を除いて，下級裁判所の判例が問題になる事例はそれほど多くありません。ですから，最高裁判所の判例検索画面で用は足りるはずです。

たとえ判決の日付が分からなくても，キーワードなどで目的の判例を探すことができますから，判例を調べたい場合には一度利用してみてください。判決文と要旨の両方が掲載されていますから，使い勝手はよいはずです。

また，法律の学習の中で興味がわいたら，実際の判決文を読んでみるのもよいでしょう。特に憲法の判例の場合は，原文に当たることで得られることも多いので，時間があればトライしてみましょう。

2回目以降の解き方

　2回目以降をやるときには，すでに1回解いているので，どうしても選択肢をパッと見て正答がこれだとわかってしまいます。

　ただ，それだと一語一句違わない形で問題が出た場合は正答できますが，同じ内容だったとしても順番が変わっていたりしてわからなくなってしまうと意味がありません。ですから，**2回目以降も全部の選択肢をきちんと読んで**，この選択肢はどこが間違いなのかをきちんと自分で考えながら解くことが大切です。つまり，正文化の作業の繰り返しです。

　ところで，2回目を解くときには，解けない問題について，理屈がわかってないから解けないのか，単に知識を覚えてないから解けないのかを意識するようにします。もし理屈がわかってないと思ったら，ちょっと解説に戻ってみて理屈を考えながら解いてみます。解けたら先に進みます。3回くらい解いてくると，ちょっとだけ理屈がわからなくて解けない問題なのか，それとも根本的に分かってないから解けない問題なのかが次第にはっきりしてきます。前者なら，何度か解説を読み直せば解けるようになりますし，また何度か解いていると，**根本的にわかってない問題の数は相当に絞られてきます。**

　数が少なくなれば，そこに時間をかけても多少大丈夫だろうと思えるようになるでしょうし，もし本当に危ないと思ったら，その問題は捨てて構いません。

　覚えてなくて何度も間違えている問題は，直前にもう一度確認のために読み直します。さらに，そこだけを書き出すようにします。書いて覚えるという方法を取るわけです。

常に「7割確保」を意識する

　スー過去を繰り返す中では，**合格ラインの目安の7割を超えられるか**を常に意識するようにしてください。

一通り解いた後で，これとこれとこれを取れば7割いくという計算をしておくわけです。それを常に頭の片隅に置いておきます。

　また，2回ぐらい解いて，自分がどの科目が得意でどの科目が苦手かがわかってきたら，受験しようと考えている試験で，何の科目が何問出題されるか（その中で何問取らなければならないのかもあわせて）を確認し，自分の実力を考えながら，どの科目を何問取れれば7割取れるのかをチェックしておきます。そして，その予定にあわせて科目ごとに勉強する比重を調整していきます。

　もし，何回か解いて，たとえば，あまりにもミクロで解けない問題が多すぎると思ったら，「それなら民法で頑張ろう。自分のできるほうで頑張ろう。民法は8割とれればいいと思っていたけど，全部とれるように頑張ろう」などと科目の調整していくわけです。そうすれば，できない科目があっても焦らずに済みますし，「ミクロは1問取れればいいやと思っていたけど，解けそうなテーマを1つでも増やしていこう」などと，考え方にも新たな余裕が出てきます。

 ## 試験別出題傾向と対策を最大限活用する

　スー過去の各章の最初の部分に，各テーマからの出題が何年度に何問あったかが書かれています。傾向を把握し，学習を効率化するための指針となる部分ですから，これを最大限活用するようにします。

　たとえば，どうしても苦手なテーマがあるときは，その部分を見て，「あまり出題されない分野だから，捨てても大丈夫」と安心したり，「ここはよく出ているから時間をかけて勉強しよう」などという判断の目安にできます。また，直前にもここだけはチェックしておこうなど，一つの科目の中で，時間をかける部分とかけない部分のペースや時間の配分に活用するのも有効な方法です。

専門科目の決定的特徴

出題傾向がわかれば戦略を立てられる！

　教養科目と異なり，専門科目には顕著な特徴があります。

　「敵を知り，己を知らば…」ではありませんが，この特徴がわかれば，が
ぜん対策を立てやすくなります。

　この傾向については序章で少し説明しましたが，多くの受験者が「壁」と
感じる同じ行政法でもう一度考えてみましょう。この傾向は，行政法だけで
なく，専門科目全体の共通の傾向です。

　まず，次の問題を見てください。25年度の国家総合職の行政法の出題で
す。この時点で読むのは，問題本文の中の色文字の部分だけで結構です。

【設問】　ガソリンスタンドを経営する X は，消防法に基づく市長の許可
を受け，国道付近の自己の土地の地下にガソリンタンクを設置し，適法
に維持管理してきた。ところが，国道を維持管理する国がガソリンスタ
ンド近くの交差点に新たに地下道を設置した結果，X のガソリンタンク
は，地下道からの水平距離で10メートル以内に存することとなり，危
険物に関して地下構築物から10メートル以上の離隔距離を置くことを
定める消防法令（当時）に違反する施設となった。このため，X はガソ
リンタンクの移設工事を行った。X は，この移設工事は国が地下道を設
置したことに起因するとして，国に対して道路法第70条に基づく損失
補償を請求した。

　この事例に関する次の記述のうち，判例に照らし，妥当なのはどれ
か。（国家総合職・平成25年度）

1　X がガソリンタンクを地下に設置した当時，ガソリンタンクの位置
　　が消防法令に違反することとなるような地下道が設置されることを予
　　測し得なかった以上，ガソリンタンクの移設に要する費用は受忍限度
　　を超える損失として補償されるべきであり，道路法第70条第1項によ

る補償の対象は，同項に例示の物理的障害に基づく損失だけでなく，消防法等による法規制上の障害に基づく損失も含まれるから，Xが支出した移設費用は，道路法第70条により補償される。

2　警察法規が一定の危険物の保管場所等につき保安物件との間に一定の離隔距離を保持すべきことなどを内容とする技術上の基準を定めている場合において，道路工事の施行の結果，警察違反の状態を生じ，危険物保有者が当該技術上の基準に適合するように工作物の移転等を余儀なくされ，これによって損失を被ったとしても，それは道路工事の施行によって警察規制に基づく損失がたまたま現実化するに至ったものにすぎず，このような損失は，道路法第70条第1項の定める補償の対象には属しないというべきであり，Xが支出した移設費用は，同項による補償の対象とはならない。

3　警察法親が一定の危険物の保管場所等につき保安物件との間に一定の離隔距離を保持すべきことなどを内容とする技術上の基準を定めている場合において，道路工事の施行の結果，警察違反の状態を生じ，危険物保有者が当該技術上の基準に適合するように工作物の移転等を余儀なくされ，これによって損失を被ったとしても，それは道路工事の施行によって警察規制に基づく損失がたまたま現実化するに至ったものにすぎず，このような損失は，道路法第70条第1項の定める補償の対象とはならないが，Xが設置したガソリンタンクは設置時において適法であり，自己の責めには属さない後発的事態の発生によりその移設を余儀なくされたのであるから，Xは，道路法とは別に，消防法の規定に基づいて，支出した移設費用の補償を請求することができる。

4　危険物の保有者は，自己の責めに帰すべき事由とはいえない後発的な環境の変化によって危険が顕在化した場合であっても，既に危険が物自体のうちに内在し，安全状態を継続的に保持する状態責任を負っており，警察規制違反の状態を解消するためにXが支出した移設費用は，道路法第70条第1項の定める補償の対象とはならないが，公平の観点から道路管理者である国が費用を負担するのが合理的であるから，Xは，直接憲法第29条第3項に基づいて，支出した移設費用の補

償を請求することができる。

5 危険物の保有者は，自己の責めに帰すべき事由とはいえない後発的な環境の変化によって危険が顕在化した場合であっても，既に危険が物自体のうちに内在し，安全状態を継続的に保持する状態責任を負っており，Xは，警察規制違反の状態を解消するのに要する費用を自ら負担しなければならないが，Xが予め，法令で定められた保安物件との離隔距離を維持するため，設置したガソリンタンクの周囲に所有権や不作為請求権を内容とする地役権等の取得・設定をしていたときに限り，Xは，特別の法令の定めがなくとも，直接憲法第29条第3項に基づいて，支出した移設費用の補償を請求することができる。

（参考）道路法70条1項（条文省略）

　かなり難しそうでしょう！　最初は圧倒されて，「こんな問題が解けるようになるとはとても思えない」と感じてしまうかも…でも，**スー過去を終える頃には簡単に解けるようになる**から不思議です。

　次に，スー過去「行政法」を見てみます。

　スー過去では，各テーマの最初に必修問題が掲載してあります。これは，「典型問題なので必ず解こう」というものです。そして，次の問題は，「テーマ20　損失補償」の必修問題，すなわち，大事だから必ず解いてほしいというものでした（改訂によって別の問題に差し替えられましたが）。

　今の段階では，**まだ内容に立ち入る必要はありません。**とりあえず，ここでは，必修問題だということと，その必修問題の中に選択肢**5**が含まれていることを確認してもらえれば結構です。

＜必修問題（以前のもの）＞
　損失補償に関する次の記述のうち，判例に照らし，妥当なのはどれか。**（国税専門官・平成15年度）**

1　行政財産たる土地につき使用許可によって与えられた使用権は，それが期間の定めのない場合であれば，当該行政財産本来の用途または目的の必要を生じたときはその時点で原則として消滅すべきであるが，使用権者が使用料を負担している場合には，必ず相当の補償が必

要である。

2　旧都市計画法に基づく都市計画事業たる広場設定事業実施のために，無償で建築物の撤去を命じうるとの条件があり，建築許可出願者が当該条件を承諾していた場合であっても，このような条件は広場設定事業の実施上必要やむをえない制限であるとはいえず，相当の補償が必要である。

3　旧河川附近地制限令に基づく河川付近の土地の形状の変更等を制限することは，河川管理上支障のある事態の発生を事前に防止する目的の制限であり，何人も受忍すべきものであるから，同制限について同令に損失補償に関する規定がない以上，同制限がかかる前から砂利を有料で採取してきた者に対し，補償は必要でない。

4　旧自作農創設特別措置法に基づく農地の買収は，農地の買収が自作農創設を目的とする一貫した国策に伴う法律上の措置であることから，国による農地買収価格は，自由な取引によって生ずる他の物価と比しこれに正確に適合するように補償する必要がある。

5　道路工事の施行の結果，危険物保有者が法令上の基準に適合するよう工作物の移転等を余儀なくされ，損失を被ったとしても，同工事の施行によって警察規制に基づく損失がたまたま現実化するに至ったものにすぎず，このような損失は，道路法の定める補償の対象には属しない。

　選択肢**5**では，道路工事がどうのこうのと書いてありますが，ガソリンタンクという言葉はなく，専門の知識がゼロの状態では，最初の問題と何の関連性があるのかよくわかりません。

　次に実戦問題として掲載された問題をいくつか見てみましょう。今度は選択肢だけを挙げます。

＜実戦問題・基本レベル＞
国家補償に関するア～オの記述のうち，判例に照らし，妥当なもののみをすべて挙げているのはどれか。（国税専門官・平成17年度）
ア：警察法規が一定の危険物の保管場所等につき保安物件との間に一定

の離隔距離を保持すべきことなどを内容とする技術上の基準を定めている場合において，道路工事の施行の結果，警察違反の状態を生じ，危険物保有者が当該技術上の基準に適合するように工作物の移転等を余儀なくされ，損失を被った場合は，当該道路工事がなければ工作物の移転等は必要なかったのであるから，当該危険物所有者は道路法の定める損失補償を受けることができる。

＜実戦問題・応用レベル＞
損失補償に関するア～オの記述のうち，判例に照らし，妥当なもののみをすべて挙げているのはどれか。（国家総合職・平成19年度）
ア：地下道新設工事の施行に伴い，**ガソリン**等の地下貯蔵**タンク**の設置状況が消防法等の技術上の基準に適合しなくなって警察違反の状態を生じたため，その地下貯蔵タンクを別の場所に移設せざるをえなくなった場合には，これによってタンクの所有者が被った損失は，道路法第70条第1項の補償の対象に属する。

応用レベルの問題でガソリンタンクという言葉が出てきて，「ああ，最初の問題と同じかもしれない」と気づいたかもしれませんが，これらはいずれ**も同じ判例を素材とした**ものです。

かなり頻繁に出題されているのが分かると思います。そのため，スー過去の「ＰＯＩＮＴ」にも次のように記載してあります。

地下道新設に伴うガソリンタンクの移転（最判昭58・2・18）
警察法規が技術上の基準を定めている場合において，道路工事の施行の結果，警察法規違反の状態が生じ，危険物の保有者が基準に適合するようにするため工作物の移転等を余儀なくされ，これによって損失を被ったとしても，それは道路工事の施行によって警察規則に基づく損失がたまたま現実化するに行ったものにすぎず，補償の対象にならない。

これらのことを踏まえて冒頭の問題を見てください。

冒頭の問題は，前掲の必修問題や2つの実戦問題と同じ判例を素材としたものです。そして，「ＰＯＩＮＴ」に記載してあるように，この事案で，判例は，移設費用は補償の対象にならないとしています。そして，冒頭の問題で判例の結論と一致しているのは選択肢**2**だけですから，容易に正答がわかってしまいます。

　つまり，スー過去で過去問を解いて「ＰＯＩＮＴ」を確認するといった作業をしておけば，**これほど難しそうにみえる問題でも，**簡単に解くことができるようになります。

　冒頭の問題は国家総合職での出題ですから，

　「イメージとしてはもう少し難しいと思っていた。選択肢のうちの2つくらいを『補償の対象とはならない』としておいて，別の部分で最終的な正誤判断をさせるような問題なのかなという印象だったが…」

　などと感じた人は多いかもしれません。

　でも，これが専門試験の典型的な傾向です。

専門試験で同じ問題が繰り返されるわけとは？

　専門試験では，**同じような問題が何度も繰り返し出題されます**が，それには理由があります。

　いわゆる頻出箇所といわれる部分が，**その科目を理解するキーになっている箇所，**つまり基礎そのもの，ないしは基礎理論がそのまま表れている箇所だからです。細かい枝葉の知識の部分を出題しても，本当の力は試せません。一番覚えておいてほしいのは，その科目の基礎と直接つながっているような部分で，それが分かっていれば核心にたどり着けるという箇所です。そのような箇所は数が限られているので，同じ個所から何度も出題が繰り返されるのです。

スー過去を解く。それがベストの対策

　出題箇所が限られているとして，そこがどの部分かを知るには，過去問から情報を得るのが一番手っ取り早い方法です。教科書には，ここが公務員試験の出題箇所などと書いてあるわけではありません。

　それに，どんな形で出題されるのかの情報も過去問にしかありません。**出題箇所を特定し，かつ出題のクセを把握する**には，やはり過去問を解くのがベストです。

　残る課題は，時間の効率化を図るために，どうすれば**インプットなしに過去問を解くことができるか**です。公務員受験者にスー過去が選択されているのも，この課題に対処できる工夫がなされているからですが，スー過去で済ませてしまうためには，一工夫が必要です。

　それを，科目ごとに説明しましょう。

憲法－いきなりスー過去に入れるわかりやすい科目

憲法は確実に満点を狙える！

　憲法は，わずか100あまりの条文とスー過去の中で登場する主要判例を覚えれば，それでゴールが見えてくるという，**受験者にとってはとてもありがたい科目**です。

　条文数が100あまりというのは，法律科目の中ではきわめて少ない数です。また，憲法の判例は，イメージとしては膨大な量があるように思えるかもしれませんが，試験の素材となるものは極めて限られています。先に行政法の問題を紹介した際に，同じ判例が繰り返し出題されていると説明しましたが，憲法の判例は出題頻度がさらに高く，スー過去憲法を解いていると，「同じ判例ばかりじゃないか」と思うほどです。

　スー過去「憲法」は，一見するとかなりボリュームがあるように見えますが，同じ内容が何度も繰り返されるというだけですから，実際に取り組んでみると思ったほどにはボリュームは感じません。

　憲法では，他の法律科目で見られるような，たとえば聴聞手続（行政法）や債権者代位権（民法）などといったなじみのない専門用語も極めて少ないので，インプットは不要。最初からスー過去に取り組んで，**どんどん解いていけばよいだけ**です。

　ただ，知識問題に混じって，ときおり理論的な問題が出題されることもありますが，その素材となる箇所は限られています。出題内容も，ほぼワンパターン。それ以外はすべて知識問題ですから，とにかくスー過去を繰り返せば，それできちんと仕上げることができます。

　憲法は，出題範囲・素材が限られていることから，確実に満点を狙える科目になっていますが，そのことは，反面から言えば**他の受験者も高得点を狙ってくる**ということです。そのため，憲法で失敗すると致命傷になりかねません。

　その意味では，しっかりと仕上げるべき油断のできない科目と言えます。

スー過去「憲法」の進め方

　行政法や民法であれば,「必修問題と基本レベルの実戦問題を先にする」などといいたいところですが,憲法の場合は,基本的に**最初からすべての問題をつぶして構いません。**

　ただ,なかにはかなり難解なものもありますから,「＊」が3つ付いていて,見るからに特殊そうだという問題はパスして結構です。何度か繰り返す中で,憲法がある程度わかってきたと思えるようになったら挑戦してみてください。それまでは,繰り返す途中でも解かなくて構いません。

　たとえば次のような問題です。

＜テーマ4　法の下の平等＞

法の下の平等に関する次の記述のうち,判例に照らし,妥当なもののみをすべて挙げているのはどれか。(国家総合職・平成15年度)

ア：参議院(選挙区選出)議員の平成4年選挙当時の議員1人当たりの選挙人数の最大較差1対6.59は,参議院(選挙区選出)議員の選挙制度の仕組み,是正の技術的限界,参議院議員のうち比例代表選出議員の選挙については各選挙人の投票価値になんらの差異もないこと等を考慮しても,上記選挙制度の仕組みの下において投票価値の平等の有すべき重要性に照らして,もはや到底看過することができないと認められる程度に達していたものというほかなく,これを正当化すべき特別の理由も見いだせない以上,本件選挙当時,違憲の問題が生ずる程度の著しい不平等状態が生じていたものと評価せざるをえないから,その余の事情を判断するまでもなく,当該議員定数配分の規定は,憲法14条に違反する。

本肢の解説は次のようになっています。

ア×　投票価値の不平等が憲法14条1項違反とされるには,到底看過することができないと認められる程度の著しい状態を生じさせるだけで

なく，さらに，それが相当期間継続して，このような不平等状態を是
正するなんらの措置も講じないことが，国会の裁量的権限の許される
限界を超えると判断されることが必要であるとするのが判例である
（最大判平8・9・11）。したがって，最後の「その余の事情を判断す
るまでもなく」違憲とする部分が誤り。

　つまり，「その余の事情を判断するまでもなく」という一文のみで正誤判
断をしなければなりませんから，かなり細かな問題と言えます。
　憲法は出題範囲が限られている分，新たな問題を作りにくいので，時々こ
の種の細かな問題が出題されることがあります（国家総合職の一部の問題に
限られていますが）。ただ，最近は傾向が変化してきて国家総合職でもあま
り細かな問題は出題されなくなりました。ですから，一部の特殊な問題以外
は，初回からすべて解くようにします。
　なお，特殊かどうかの判断については，「＊」の数の他に，難しそうだと
思ったら先に解説を読んでみてください。解説を読んで，**その問題が細
かすぎると思えるようならパス**して結構です。

 ## 生存権で判例の姿勢を確認する

　生存権について，他の部分の理解への波及効果もあるのでちょっと説明し
ておきます。

【設問】　日本国憲法に規定する生存権の法的性格に関する記述として，
妥当なのはどれか。**（地方上級・平成20年度）**
1　**プログラム規定説**は，憲法の生存権の規定は，国民に法的権利を保
障したものであるが，それを具体化する法律によって初めて (×) 具体
的な権利となるとするものである。
2　**抽象的権利説**は，憲法の生存権の規定は，個々の国民に対し法的権
利を保障したものではなく，(×) 国に政治的・道義的義務を課したに
とどまるとするものである。

3 **具体的権利説**は，憲法の生存権の規定に具体的権利性を認めたもの
で，それを実現する法律が存在しない場合には，(◯) 立法不作為の違
憲確認訴訟を提起することができるとするものである。

4 最高裁判所の判例では，憲法の生存権の規定は，すべての国民が健
康で文化的な最低限度の生活を営みうるように国政を運営すべきこと
を国の責務として宣言したにとどまらず，(×) 直接個々の国民に対し
て具体的権利を賦与したものであるとした。

5 最高裁判所の判例では，憲法の生存権の規定における健康で文化的
な最低限度の生活なるものは，抽象的・相対的な概念であって，具体
的にどのような立法措置を講ずるかの選択決定は立法府の裁量にゆだ
ねられているが，それは (×) すべて裁判所の審査判断の対象となると
した。

本問で問われているプログラム規定説，抽象的権利説，具体的権利説など
の用語は，憲法では珍しく「なじみのない法律用語」です。

それ以上にわかりにくいのは，判例がどの立場に立っているかです。

まず，なぜこのような説の対立が出てくるかと言いますと，財源の問題が
絡んでいるのです。

生存権のような社会保障を充実させる権利は，その実現のために財政的な
裏付けが必要になります。憲法は，戦後すぐの昭和22年に施行されていま
すが，日本のあちこちが焼け野原の状態のときに生存を保障しろと言われて
も，国にはそれを実現するだけの力がありません。ところが，そのときに訴
訟が提起され，憲法には「権利」とはっきり書いてあるので国はそれを実現
すべきだという主張がなされました。しかし，日本中が食うや食わずのとき
に権利だと主張されても困るわけです。そこで最高裁判所は，「（憲法25条
1項により）直接に個々の国民は，国家に対して具体的，現実的にかかる権
利を有するものではない」と判示しています（最判昭23・9・29）。この判
決は，一般に**プログラム規定説**，つまり生存権は権利というより政策目標に
すぎないとする立場に立ったものと理解されています。これは，「権利と言
われると苦しい」という当時の国の事情を最大限考慮したものといえます。

つまり，最高裁判所は，「権利」という文言には多少目をつぶっても，**社会の実情に合わせた解釈**をしようとしたわけです。

その後，日本が戦後復興を果たして財政力がついてくると，条文に書いてある通りに「権利」として認めようという考えが勢いを増してきます。ただ，そうした場合，生存権は権利としてはあまりに漠然としているので，誰がその権利内容を確定するかという問題が出てきます。ごく簡単に言えば，その時々の財政事情も考慮しながら国会で議論して法律の形で権利を実現しようというのが**抽象的権利説**，客観的に判断できるので裁判所である程度の判断はできる（この『ある程度』が立法不作為の違憲確認訴訟です）というのが**具体的権利説**です。

この問題については，財政や社会福祉政策の問題が絡むため，一番強く権利性を認める具体的権利説に判例が立っていないことは明らかですが，残りの2説のいずれかに立っているかは，あまりはっきりしません。そのため，後に出された生存権に関するいくつかの判例（朝日訴訟，堀木訴訟，塩見訴訟）でも，結局は**判決文のポイントを個別に覚えるしかありません**。その作業はスー過去の中で行えば十分ですが，気持ちの中では権利なのかプログラムなのか，何となくすっきりしないという思いは残るでしょう（ただ，本問の正答が**3**であることは，以上の説明で導けるはずです）。

同じように，憲法の判例では，たまに，「おやっ？」と思うことがあります。

たとえば，「憲法20条の政教分離原則で，以前は目的効果基準を使っていたが今度は使わなかった（最判平22・1・20，砂川空知太神社事件）。なぜだろう？」などという場合です。

そんなときは，実情に合わせて柔軟に判断したんだろうと割り切ればよいのです。その意味では，判例ごとに個別に覚えざるを得ない場合も出てきますが，その労を惜しまないようにしてください。

判例に慣れてきたらその判断の合理性についても考えてみよう

　憲法は中学や高校の社会科で一度学んでいて，その知識があるせいで，そこでの誤った知識などでかえって混乱してしまうという場合をたまに見かけます。

　そんなときは，修正の意味も込めて，何度か問題を繰り返して判例に慣れてきた段階で構いませんから，覚えなければならない判例については，その根拠や判決が出た経緯（社会の実情としてこういう背景があったから，こういう判決になった等）も含めて覚えるようにしてみましょう。

　この作業をやっておくと，判決が「割と合理的な考え方をしていることが多い」と感じるようになってくるはずです。

　ただそれは，覚える量を増やしているのではなく，問題文がどんな書き方をしてあっても答えられるとか，万一覚えていない判例が問題に出ていたとしても勘を働かせることができるようになるといった効果をもたらす最少の労力です。

　この作業に憲法で取り組んでおくと，他の法律科目にもかなりの波及効果をもたらします。

記憶の混乱を回避する

　記憶を正確にしておくことは，憲法学習の重要な要素ですが，その正確性を担保するには，繰り返すことのほかに「関連付け」という方法があります。

　何か理屈をつけて覚えておくわけですが，ただ，**いちいち理屈を探すのでは大変です**。判例ならば，短くても理屈にはなっていますから，記憶として定着しやすいのですが，これが条文（それも統治機構の条文）の場合は，その意味を理屈として残すのは結構工夫が必要です。

　ただ，憲法では，素材の少なさから条文は貴重な出題源になっていて，条文を正確に覚えておくことは満点狙いのためには欠かせません。一見，無味

乾燥に見える統治機構の条文ですが，国の統治の根幹をなすものですから，極めて合理的な内容になっています。ですから，その点がわかれば記憶を正確にするのは容易です。

実際の出題例を使って検証してみましょう。

【設問】国会に関するア～オの記述のうち，妥当なもののみを全て挙げているのはどれか。（国家専門職・平成25年度）

ア．両議院は，各々その総議員の過半数の出席がなければ，議事を開き議決することができない。

イ．衆議院で可決した法律案を参議院で審議中に衆議院が解散された場合であっても，参議院における審議は解散の影響を受けずに継続され，参議院で当該法律案が可決されれば法律は成立する。

ウ．法律案を衆議院が可決した後，参議院がこれを否決した場合には，必ず両院協議会を開催しなければならない。

エ．予算については衆議院の先議が必要とされているが，条約の締結の承認については参議院において先議することも可能である。

オ．内閣総理大臣の指名について両議院が異なった議決をした場合に，両院協議会を開いても意見が一致しないときは，衆議院の議決が国会の議決となる。

1 ア，イ
2 ア，オ
3 イ，ウ
4 ウ，エ
5 エ，オ

正答 **5**

アは，「両議院は，各々その総議員の3分の1以上の出席がなければ，議事を開き，議決することができない」が素材です（憲法56条1項）。ただ，本肢の正誤判断に必要な定足数の要件は，それほど覚えにくくありません。混乱をきたす類似の条文がないからです。

本肢では直接の問題にはなっていませんが，「総議員」なのか「出席議員」

なのかは，よく素材として取り上げられています。これについては覚え方があり，**「会議が開かれていなければ総議員，開かれていれば出席議員」**です。これは当然のことで，会議が開かれていないのに出席議員というのはありえません。その唯一の例外が憲法改正の発議です。これは，会議が開かれているのに，要件は「出席議員」ではなく「総議員」です（憲法96条1項）。議案の重要性を考えてのことです。

そして，これらを覚えておけば，たとえば議員の表決の会議録への記載要求が出席議員の5分の1だったのか総議員の5分の1だったのか（憲法57条3項）などといった場合の判断に迷うことはありません。

イは，「衆議院が解散されたときは，参議院は，同時に閉会となる」が素材です（憲法54条2項本文）。混乱をきたす類似の条文がないので，覚えるのは容易です。

ウは，「衆議院で可決し，参議院でこれと異なった議決をした法律案は」（憲法59条2項）…「衆議院が，両議院の協議会を開くことを求めることを妨げない」が素材です（同条3項）。

これには，類似の条文として，予算，条約，内閣総理大臣の指名があります。そして，この3つは必ず開かなければならないのに対して（必要的両院協議会），法律案の場合は開くかどうかは任意です（任意的両院協議会）。覚え方は，**「そのままほったらかしにしておいてよいかどうか」**です。条約は相手国がありますし，予算と内閣総理大臣も早急に決めなければなりません。ですから，国会としてどうするかを決める必要から両院で話し合う場を設けるわけです。一方，法律案の場合は，ほったらかしにしていれば自動的に廃案になるだけで，予算のように，成立しなければ経済が大混乱に陥るなどといった事態は生じません。これが，必要的か任意的かの決定的な違いです。

エは，衆議院先議は予算のみですが，かなり覚えにくい条文が素材になっています（憲法60条，61条）。予算と条約の違いは，**「急ぐか急がないか」**の点にあります。予算は成立を急ぐので，両院の意思が違った場合の判断が優先する衆議院が先議です。そして，たとえ参議院の審議がもたもたしていても30日たてば自動成立です。これを仮に参議院先議でもよいとすると，そこで議決されて衆議院に回される間の時間が余計にかかってしまいます。

なので，その方法は取らないわけです。一方，条約はそこまでの時間的な切迫さはありません。

　オは，内閣総理大臣の指名について，「両議院の協議会を開いても意見が一致しないとき…は，衆議院の議決を国会の議決とする」が素材です（憲法67条2項）。両院の意見が一致しないまま，延々と対立が続いて，いつまでも内閣総理大臣が決まらないというのでは困りますから，衆議院の判断を優先させるわけです。

　以上のように，ちょっと理屈をつけておけば，混乱しやすい部分でも，記憶を正確に固めておくことができます。

行政法は初任者研修の つもりで解く！

行政法とはどんな科目？

　スー過去に入る前に，イメージをつかみやすいように行政法について簡単に説明しておきます。

　行政法は，行政の組織や活動のルールなどを定めた法律です。行政法という名称の固有の法典があるわけではなく，行政の組織や活動などに関する様々な法律をまとめて行政法と呼んでいます。いろんな法律が集まっていますが，それらを個別に学ぶわけではなく，まとめて行政法として体系づけられています。

　行政法は，体系的に一本芯が通っているので，**全体像を把握しやすい科目です**。すなわち，行政は公益を担って活動しますから，その活動がスムーズに行われて公益－国民の権利・利益が増進されるように，一般国民や会社などの私人・私的団体には認められていないような特別な権限を与えられています。そこでまず，行政法では行政にどのような権限が与えられているのかを学びます。

　次に，行政の権限は国民の権利・利益の増進のために認められたものですから，それが誤った使い方をされて国民の権利・利益が損なわれないかを常に監視しておく必要があります。そして，仮にそのような事態が生じた場合に備えて，権利救済のための制度が準備されています。

　この2つが行政法の中核部分になりますが，これらに加えて，国の行政組織と地方行政（地方自治）についても学びます。

　以上が行政法です。

　試験に出題されるのは，その大半が，行政に認められた権限とその濫用の救済の部分（行政作用法と行政救済法）です。この2つで出題の8〜9割を占めています。

　国家総合職では，これらに加えて公の財産に関する法律である公物法からも出題されることがありますが，国家総合職を含めて，学習は行政作用法と

行政救済法の2つを中心に進めることになります。

「行政法は難しい」―その理由は？

　行政法は，受験者の苦手意識が強い科目です。

　その理由は，なじみがないことからくる用語の難しさと概念の紛らわしさの2つが最大の原因です。

　たとえば，行政作用法の中心である行政行為は，そのテーマが種別・内容，付款，効力，瑕疵，取消し，撤回などに分かれています。さらに，種別は許可，認可，特許，確認など多数に分類され，また効力は公定力，不可争力，執行力などと分かれて実に多様です。

　行政法の全編を通じて，こういったことが延々と続くため，「覚えることが多すぎる」，「イメージできず覚えにくい」などが，行政法の苦手意識を強める原因になっています。

行政法の苦手意識を克服する

　では，行政法のインプットは必要かというと答えはノー。**スー過去だけで十分**です。

　苦手意識は最後までとれないままかもしれませんが，少し視点を変えれば，行政法の過去問もがぜん面白くなってきます。

　その視点とは，スー過去を**初任者研修と思って解く**ことです。

　ところで，行政法では概念の問題がやたら多く出題されます。理由は，概念の正確な知識がとても重要だからです。

　実際の出題例を見てみましょう。

【設問】　行政行為に関するア～エの記述のうち，理論上の「許可」に分類されるもののみを全て挙げているのはどれか。**（国家総合職・平成**

25年度）

ア．道路，河川等の公共用物は，一般公衆の利用に供されるものであり，道路にガス管や電線等を埋設する際には，道路法に基づく道路の占用許可が必要とされ，また，水力発電に河川の流水を用いる場合には，河川法に基づく河川の流水の占用許可が必要とされている。

イ．外国人には日本国籍を取得する自由があるとは考えられておらず，外国人が帰化するには，国籍法に基づき，法務大臣の許可が必要とされている。

ウ．農地は，個人所有に係るものであっても，食料生産の基盤であることから，当事者間の契約のみで農地の所有権を移転することはできず，農地法に基づく許可が必要とされている。

エ．飲食店を営業するには，飲食に起因する衛生上の危害の発生を防止する観点から，施設の衛生状態等に問題がないこと等につき，食品衛生法に基づく許可が必要とされている。

1 ウ
2 エ
3 ア，ウ
4 ア，エ
5 イ，エ

正答　**2**

　問題を簡単に説明しますと，アは，道路や河川などの公のものの占用について，国民は本来権利を有していませんから，そこに新たに権利を設定して与える行為は特許です。イの，外国人に帰化の許可を与える行為も，日本国民としての権利を新たに設定して与える行為なので特許です。ウは，農地の所有権移転は農業保護の観点から法律で制限されており，農地売買契約の有効要件としての認可が必要とされています。エは，飲食店を営業は本来だれでも行える行為なのですが，食中毒防止など衛生上の観点から一般的な禁止がかけられており，行政庁が衛生上の問題がないことを確認した場合にこの禁止を解除するので，これは許可です。結局，許可はエだけです。

行政行為の分類などは，ここから本格的に行政法をスタートするという，いわば基礎中の基礎です。それを繰り返ししつこく出題するというのは，やはりそこはきちんと認識しておいてほしいということです。

　それならば，相手の要望に応えれば済むだけのことで，**何も難しいことはありません。ただ単にややこしい**というだけです。

　ところで，このややこしい分類ですが，仕事に就いてからは相当に重要になってきます。

　すでに自治体職員になってる先輩合格者の話ですが，

　「以前，ある県で実体のないＮＰＯ法人が犯罪の隠れ蓑に使われたとして，そういうことが別の法人でも起こらないように，一度休眠法人を解散させる手続きを取ったことがある。それを受けて，『うちもやる？』みたいな話になったときに，それこそ不服申立てだったり，公聴会を開くだったり，そういう機会を与えなければならないとか，諮問機関に諮問しなければいけないとか，そういう手続きがあったりするので，『あ，やった！』と思いながら調べていた。実際，公務員になってみたら，『あーそうか，これをやってるんだ』と，あの時しっかり行政法をやってよかったと思うことが本当に多い」

ということでした。

　たとえ覚えるのが面倒でも，確実に**将来の仕事の糧になる**と思えば覚える苦痛も和らぐはずです。行政法は概念の数が多く，制度も複雑なので，先に授業などでインプットをしても思ったほどの効果は期待できません。それよりも，「初任者研修の前倒しだ」くらいに考えてスー過去を繰り返してみてください。

 ## 制度の意義を意識しながら解く

　行政法では，公権力の行使が大きなテーマになります。

　公権力の行使とは，それを行使する側とされる側との間に力関係の差があるということです。そして，行政法を「初任者研修の前倒しだ」と考えるのであれば，力関係の差を念頭に置いて，どういう目的のもとに，このような

規定や判例があるのかを意識しながら覚えていくと記憶の定着が図れます。

確かに複雑で分かりにくい部分はあるでしょうが，**「なんとなく」決められた法令や判例はありません**から，なぜこうなっているのかを読むと興味がわいてくるはずです（そういう点については，たいていスー過去の解説文中にあります）。

それに，その背景や根拠を飛ばさず丁寧に覚えていくことが結局は一番の近道になります。また，そうやって覚えていかないと，なかなか最後まで行き着くのは難しいのです。

細かすぎる概念はわからなくてもいい

行政法で登場する概念の中には，かなり細かすぎて，説明を何度読んでもわからないというものが時々出てきます。たとえば，行政事件訴訟の一類型である「形式的当事者訴訟」などはその典型です（スー過去「行政法」テーマ14の必修問題エ）。

このような概念は，過去問に登場しているからといって何が何でも理解しようと思う必要はありません。他の問題でほとんど素材になっていないようなものは，最終的にパスして構いません。行政法は，近年は基礎的なレベルの問題が多く，あまり細かなものは出題されていません。**頻出箇所，基本的な箇所を押さえておけば高得点**を狙えますので，細かな部分にはこだわらなくて結構です。学習の姿勢としては，頻出度が高い素材を中心に押さえておくようにします。これも，行政法を克服するコツの一つです。

なお，念のために，当事者訴訟については行政事件訴訟法4条に定義が書いてありますので，興味があれば読んでみてください。多分，意味はすっと入ってこないと思います。条文の前半が形式的当事者訴訟，後半が実質的当事者訴訟です。

例を挙げればなんとなくわかるので，一応あげておきます。

形式的当事者訴訟の例としては，土地収用において補償額を争う場合が典型です。たとえばA電鉄が新線建設のために，地主Bと用地取得のための交渉をしていたが，価格が折り合わず，話し合いがつかないとします。そこ

で，A電鉄は県の収用委員会に土地収用の申請を行い，収用委員会は価格を「3千万円」とする収用裁決を行いました（この裁決は行政処分）。この場合，Bがこの裁決に不服で，金額は最低でも「4千万円」と考えているとすれば，裁決の取消訴訟を提起しても何の意味もありません。Bとしては売却の意思はあり，単に価格を争っているにすぎません。したがって，裁決を取り消してもらっても，「交渉が振り出しに戻る」というにすぎず，取消訴訟を行う手間と時間は単なるムダでしかないわけです。このような場合には，Bとしては「裁決は納得できないので，もっと適正な価格をつけてほしい」という訴えが必要になります。これが形式的当事者訴訟です。この訴訟は行政処分を前提としますが，相手方（被告）は行政庁ではなく私人（A電鉄）なので，その実質は民事訴訟です。

　一方，ある公務員が，サービス残業を強いられたとして時間外勤務手当の支払いを求めて訴えを提起するような場合が実質的当事者訴訟の例です。性質はまったくの民事訴訟ですが，当事者の一方が行政庁であるために行政訴訟に分類されています。

　ただ，**こんな説明をしても，それほど記憶には残らない**と思います。残るのは，せいぜい「どっちが形式的でどっちが実質的だったかな？」という程度でしょう。でしたら，インプットの時間をスー過去に充てるほうがよほど効率的です。

学習の進め方

　行政法は，基礎的な概念・定義や法律の要件に関する問題が多く，それも頻繁に出題されています。ですから，まずそういうものを押さえてしまいましょう。

　まず1回目は，必修問題と基本レベルの問題だけを解いてみます。他の科目同様，一度最後まで行くと全体像が何となくわかってきます。必修問題と基本レベルの問題の知識だけでも正確に固めておけば，本番の試験で6割以上は確保できます。秋スタートなどで時間に余裕があるなら2〜3周目までは基本レベルまでにとどめておいても構いません。行政法の場合

は，**とにかく用語に慣れることが先決**です。複雑そうに見える問題は，たいていは判例を知っていれば解ける問題ですから，覚えるのにそれほど時間はかかりません。むしろ，概念に慣れることに時間がかかりますから，早めに繰り返すことを優先させてください。

　ある程度，用語に慣れてきたと思ったら，今度は応用レベルの問題も解いてみましょう。ここで判例の知識を固めていきます。

　行政事件訴訟関係では，先に説明した当事者訴訟のほかに，いくつか最終的にどうしてもわからない部分が出てくるかもしれませんが，そういったものはパスして構いません。それでも，かなりの高得点が狙えるようになっているはずです。

民法は利益調整の 法律として理解する

民法は最後まで行き着くことを優先する

　民法も行政法と並んで法律科目の中では難解な科目とされています。ただ、その原因は、行政法とは違っていて、**制度のわかりにくさというよりも量の多さ**の点にあります。覚える量が半端ではない、だからわかりにくいというわけです。

　民法でインプットが必要かというと、行政法の場合と同じくNOです。量が半端ではないのに、それをいちいちインプットしていたのでは、時間がいくらあっても足りません。ただ、どうしても一度全体像を把握しておきたいなら、『集中講義！民法Ｉの過去問』『同　民法Ⅱ』の各章の冒頭の「理解しておきたい事項」の部分をまとめて一気に読んでみてください。制度の概要をわかりやすく説明してありますので、2〜3回繰り返し通読すれば、民法の概要を把握できるはずです（時間もほとんどかかりません）。

　スー過去「民法」の1回目は、本当に「民法とはどんな内容か」を理解できればいいので、必修問題と基本レベルの実戦問題だけで十分です。途中でいろいろわからないことが出てきても、財産法の最後（不法行為）まで行き着けば確実に見えてくるものがあります。

　よく、「債権が終わると、何となく物権が理解できるようになる」というのは、量が多いので途中で何をやっているのかわからなくなる、どんな目的でこの制度が設けてあるのかわからないといった状態を解消できるからでしょう。全体が見えてくると、「じゃあ、今度は本格的に解いてみよう。難問レベルは手を出さなくても、応用レベルまでは解いてみよう」などと、2回目以降の計画も立てやすくなります。

民法の量を克服する方法①－スー過去で知識を導き出せるようにする

　スー過去「民法」は，専門科目の中ではスー過去「ミクロ」「マクロ」と並ぶ定番の本になっています。

　その理由の一つが，「考え方が頭に入るようになっているので，それを使って試験場で答えを導き出せる」から。つまり，「民法は量が多いので，いちいち覚えていたらきりがない。スー過去民法は解説を読めば忘れていいようになっている。あとは試験場でそれを使って考えればいいだけ…」というわけです。

　この点はしっかりと意識してください。スー過去「民法」は解説にかなりのボリュームがあるので，読み込むのは結構大変です。公務員試験の対策の基本は覚えてしまうことですが，民法の場合は量が多すぎて，それが難しいのです。そうであれば，次善の対策として，**たとえ忘れても，簡単にかつ正確に復元できるようにしておく**ことです。

　憲法の対策を説明した際に，「なぜ条約と違って予算は衆議院先議なのか」とか，「法律の場合の両院協議会が任意的なのはなぜか」といった説明をしたと思いますが，理屈で覚えられる部分については，一度理解してしまうと，あとは問題が出された場合にその場で知識を復元すればよいだけです。

　確かに，科目の量が少なければいちいち理屈を探すよりも記憶で対処するほうが早いのですが，量が多ければそうはいきません。仮に知識だけで対処しようとすると，類似の概念が出てきたときに記憶が混乱して知識が不安定になるおそれがあります。でも，理屈がしっかりわかっていれば知識が不安定になることは，まずありません。

　スー過去「民法」のメリットは，知識の復元ができるような解説になっていることですが，その分，読み込むのに時間と労力を要します。本格的に取り組み始めると，他の科目より進み方が遅くなるので，途中で焦りが出てくるかもしれませんが，最終的にその時間は十分に取り戻せます。ですから，スー過去「民法」では，解説の**「なぜそうなるのか」の部分にしっかりとチェックを入れる**ようにします。

民法の量を克服する方法②－難解な表現を「人の行動」に変換する

　民法は生活にかかわる身近な法律ですから，行政法ほどには用語はわかりにくくありません。ただ，それでもやはり法律の特性として，難しい表現がしばしば用いられています。

　たとえば第三者の詐欺では，条文には「第三者が詐欺を行った場合においては，相手方がその事実を知り，又は知ることができたときに限り，その意思表示を取り消すことができる」と書いてありますが（民法96条2項），第三者の詐欺とは何なのかをスッと把握するのは容易ではありません。

　ただ，これもわからない，あれもわからないというのではストレスがたまります。民法は生活にかかわる身近な法律ですから，それを自分の中で**「人の行動」に変換してみる**のも，親しみを感じる方法の一つです。

　法律も難しく書いてあるけど，結局，勝手に登記をしてしまったとか，悪いとわかっていてだまし取ったとか，そういう人がいるからこういう条文ができるんだろうな，などと想像しながら問題を解いてみるわけです。

　これが意外に効果的。民法は最終的に利害関係人の間の利益調整を図ることが目的になっているので，わからない問題が出たときのカンが働く一つのきっかけになります。

民法の学習方法－スー過去演習で利益調整を訓練しよう

　スー過去「民法」の解説には，「なぜそうなるのか」が詳しく書いてあります。問題を解くときに，解説を読んで，これをていねいにチェックしていけば，民法の利益調整のカンがつきます。そうすれば，**覚える量もかなり少なくなってくるので，民法の学習が楽になる**はずです。

　スー過去を2～3回繰り返して基本レベルの問題が解けるようになったら，難問レベルの問題にも挑戦してみてください。ときどき特殊な問題があるので，それはパスして構いませんが，それ以外の問題については，基本が理解できているかを確かめる手段として使います。

以下に，利益調整の方法を少しだけ説明しておきますから，参考にしてください。

日常生活での経験・常識が生きる

　民法は，私人と私人の関係で生じることが予想される法律関係についてルールを定めたものです。

　そこでは，**関係者間の利益調整が最も重要な課題**となっています。

　民法は，憲法や行政法に比べて日常生活にかかわる部分が多く，身近な法律ですから，**日常生活での経験を踏まえながら**利益調整の感覚を養っていきましょう。

　次の問題を読んでみてください。

【設問1】 同時履行に関するア～オの記述のうち，妥当なもののみをすべて挙げているのはどれか。ただし，争いのあるものは判例の見解による。**（国家一般職［大卒］・平成21年度）**

ア．弁済と債権証書の返還は同時履行の関係にあるが，弁済と受取証書の交付は同時履行の関係にない。

イ．双務契約の当事者の一方は，相手方から履行の提供があっても，その提供が継続されない限り，同時履行の抗弁権を行使することができる。

ウ．家屋の賃貸借終了に伴う賃借人の家屋明渡債務と賃貸人の敷金返還債務とは，特別の約定のない限り，同時履行の関係にある。

エ．土地の所有者Aが，第三者Cの詐欺によって当該土地をBに売却して移転登記を行ったが，Aが詐欺を理由に売買契約を取り消した場合，Aの代金返還義務とBの移転登記抹消義務とは，同時履行の関係にある。

オ．AとBの間で売買契約が締結された後，売主Aが代金債権を第三者Cに譲渡した場合，買主BのCに対する代金債務とAの引渡債務は，

同時履行の関係にある。

1　ア，ウ　　　　　**2**　イ，オ　　　　　**3**　ア，ウ，エ

4　イ，ウ，エ　　　**5**　イ，エ，オ

常識を働かせて考える

　では，さっそく検討してみましょう。

　アから始めます。

　債権証書とは，簡単にいえば「借用証」のことです。「いつ，いくら借り
て，どの日に返す。利息はいくら」などということを細かに書いておくもの
です。一方，受取証書とは「領収証」のことです。これはわかりますね。

　それで，アは，借金を返すときに「お金を渡すから，引き換えに借用証を
返してくれ」とは言えるけど「領収証をくれ」とは言えない，という内容に
なっています。

　借用証というのは，「そういうお金の貸し借りがあった。条件はどうだっ
た」ということの証拠，つまり債権の中身の証拠にはなります。でも，借り
た方がお金をきちんと返したかの証拠にはなりません。ですから，借用証を
返してもらっても，領収証がない場合，ズルい貸主ですと，コピーをとって
おいて，それを証拠に「まだお金を返してもらっていない」と偽って裁判所
に訴えを起こすということも考えられます。その場合，借りた方が，裁判所
から「ちゃんと返しましたか」と聞かれて，「返した」と主張しても，「証拠
はありますか」と尋ねられた場合，返事ができません。

　このような不都合を避けるために，弁済者は，**「お金の返済は領収証
の発行と引き換えに行う」**（同時履行）ということを権利として主張
できることになっています。ですから，アは誤りです。

　次はイです。

　「双務契約」とは，契約当事者の双方が対価関係に立つ債務を負っている
ものをいいます。たとえば，「売主が物を渡し，買主が代金を支払う」とい
う売買契約はその典型です。

　それで，イは，「買主が代金を持ってきたが売主が品物の準備ができてい

162

なかった。そこで，後日，売主が品物の準備ができたので買主に届けた。その際，売主は『代金と引き換えに品物を渡す』と主張できる」ということです。

「え？ **当たり前でしょ！**わざわざ問題にする必要があるんですか。」

そう思われるでしょう。それが常識的な判断で，イは正しい内容です。

ただ，**法律では理屈をこねる人がいるんです。**「買主が代金を持って一度履行の提供をしている。ならば，その段階で，売主が同時履行を主張する権利は失われているのではないか」。そういう反論が出てくることを問題にしているわけです。そして，そういう批判に答えながら，「そうではなく，やはり同時履行を主張できる」ということを説明していきます。そのため，**どうしても理屈っぽくなってしまいます。**

でも，結論は先に述べたとおりの常識的な判断でよいのです。

ウに移ります。

ウは，家屋の賃貸借契約が終了した場合，借主が荷物を運び出して家屋を明け渡すその時点で，貸主は敷金を返還しなければならないという内容になっています。これはどうでしょう。

貸主は，家屋を明け渡してもらった後で借家の状態を点検します。そして，「賃借人が壁を壊している」などのために修理が必要な箇所があれば，敷金からその修理費用を賄うことができます。その費用は，業者に見積もってもらわないとわかりません。ですから，**明渡しの時点では敷金をいくら返せるのかが確定できません。**そのため，これを同時履行にすることは困難です。ですから，ウは誤りです（2020年施行の改正民法は622条の2第1項第1号に明文規定を設けています）。

当事者間の利益調整がポイント

さて，ここまで3つの選択肢を検討してきましたが，民法のポイントが利益調整にあることはおわかりでしょうか。

●民法における利益調整とは●

関係者のだれもが，不当に不利益をこうむらないようにする

⬇

同時履行は，当事者間の公平を図るという意味で
利益調整の手段の一つになっている

たとえば，アでは「ズルい債務者に二重取りの口実を与えない」，またイでは，売主が「品物を渡したのに代金をもらえない」という不都合を回避するという意味で同時履行が認められています。

これに対して，ウでは，借家の修理代金や未払い家賃（これも敷金で賄うことができます）を貸主に確保させる必要がありますから，同時履行の関係は認められていません。

ただ，このように解した場合，次のような疑問が出てくるかもしれません。

「修理代金等を差し引いた残りの敷金額を返さなかったらどうなるの」

でも，その場合，借主だった者は借家を差し押さえることができます。他方，賃借人は財産を持っているとは限りませんから，貸主は，敷金で修理代金等を確保しておかないと「取りっぱぐれ」になる可能性がぐっと高くなります。両者の利益を比較すると，やはりここは貸主の利益を優先させる必要があるわけです。

このように，本問は，

「同時履行」というテーマを使って，当事者間の合理的な利益調整ができるかどうかを尋ねている。

ということができます。

ムダな手間を残さない

では，後半を説明しましょう。エに移ります。

契約を取り消した場合，その契約は「当初から無効だった」，つまり「契約としての拘束力は最初から発生していない」という扱いに変わります。

その場合，売主は代金を受け取る権利はなく，買主も登記を移転してもらう権利はありませんから，お互いそれを相手に返さなければなりません。そして，エはこの2つを同時履行の関係にあるとしています。

この点はどうでしょう。

エでは，売買契約は「詐欺」によるものですが，たとえそうでも，

「登記を戻すのが先だ。お金はそれを確認してから返す」

というのは不当ですね。なぜなら，**両者を同時に履行させてもAにはなんら不都合はない**はずです。不都合がないのに，登記だけ先に戻させることになると，今度はAがなかなか代金を戻さないというおそれもあります。その場合，Bには「訴訟を起こす」などの余計な負担がかかります。同時履行にすれば，そんな**むだな手間はかかりません**し，同時履行にしたところで，**だれの利益を損なうわけでもありません**。

でしたら，同時履行の関係を認めるべきですね。

最後はオです。

まず，図を見てください。

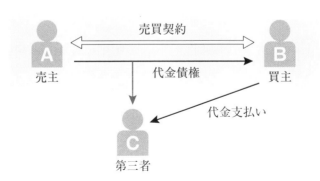

まだ法律の学習を始めたばかりという方は，「代金債権を勝手に第三者に

譲渡できるのか」という疑問が出てくるかもしれません。

　このような譲渡は法律上可能とされています。ただ，その点はともかく，**ここではBの利益を中心に考えてみましょう**。なぜなら，代金債権の譲渡は売主Aと第三者Cとの間で行われ，Bはこれに関与できません。ですから，Bの知らないところで行われている行為によって，Bが一方的に不利益をこうむらないように配慮する必要があるからです。

　そして，その方法というのは，「売主Aが品物を引き渡せば，それと引き換えに第三者Cに代金を支払う」ということ（**同時履行**）を権利として認めておくことです。買主Bの保護としてはこれで十分です。**Bは当初の売買契約の内容に従った義務を履行すればよい**わけで，新たな負担は一切加わりません。つまり，オは正しいのです。

　以上から，本問の正答は**5**になります。

難しい問題でも同じ

　民法が「利益調整」を一番のポイントにしているということについて，雰囲気が少しは理解できましたか。

　では，もう少し難しい問題にチャレンジしてみましょう。

【設問2】　無権代理に関するア～オの記述のうち，判例に照らし，妥当なもののみをすべて挙げているのはどれか。

（国家一般職［大卒］・平成18年度）

ア．本人が無権代理行為の追認を拒絶した場合には，その後に本人が死亡し無権代理人が本人を相続したとしても，無権代理行為は有効とはならない。

イ．本人が無権代理行為について追認も追認拒絶もせずに死亡し，無権代理人が本人を相続した場合には，無権代理人は本人の資格で無権代理行為の追認を拒絶することができる。

ウ．無権代理人が本人を他の相続人とともに相続した場合には，無権代理行為を追認する権利は相続人全員に不可分的に帰属するので，共同

相続人全員が共同してこの権利を行使しない限り，無権代理行為は有効とはならない。

エ．本人が無権代理人を相続した場合には，本人は無権代理行為の追認を拒絶しても，なんら信義に反するところはないので，被相続人の無権代理行為は，一般に本人の相続により当然有効とはならない。

オ．無権代理人を本人とともに相続した者が，その後さらに本人を相続した場合には，当該相続人は本人の資格で無権代理行為の追認を拒絶することができる。

1 ア，イ，オ　　　**2** ア，ウ，エ　　　**3** ア，ウ，オ
4 イ，ウ，エ　　　**5** イ，エ，オ

第2章

専門試験の解き方・学び方

本問は，「無権代理と相続」というテーマの問題です。

このテーマは，民法の中でも特に重要な箇所の一つで，頻繁に出題されています。そして，このテーマでも，**関係者間の利益調整が最重要課題となっています。**

とにかく，細かい理屈はひとまず横に置いて，各選択肢で「関係者の利害調整がうまくなされているか」を見ていきましょう。

まずざっと全体に目を通してみてください。「本人が無権代理行為を追認した」とか「本人が無権代理人を相続した」などという話が出ています。それは，次のような場面で生じてくる問題です。

　息子が父に借金を申し込んだが断られたため，タンスから父の実印を勝手に持ち出し，委任状を偽造したうえ，「父から土地の処分を依頼された」と偽って土地を売り払った（**無権代理行為**）。

　これを知った父は，「絶対に土地は渡さない」と，息子の行為を有効にすることを拒んでいる（**追認拒絶**）。

たとえばイの内容は，父が死亡し，息子が相続人となった場合に，息子は父と同様に「絶対に土地は渡さない」と主張できるかが問題となっています。

この場合，息子は土地を売り払った張本人です。それなのに，相続によっ

て土地の権利を移転できる状態になったとたん「土地は渡さない」と言うのは，あまりに**虫がよすぎます**。ですから，「息子が権利を移転できる状態になった」段階では，権利の移転を義務づけるべきです。

そのためには，「無権代理行為は相続によって有効になった」と構成する必要があります。そのための細かい理屈は，ここでは省略します。ただ，無権代理人は本人の資格で無権代理行為の追認を拒絶できないという結論については納得していただけると思います。これが典型的に現れているのがイで，イは誤りです。

アは後で説明することにして，ウに進みます。

「無権代理人が本人を他の相続人とともに相続した」というのは，たとえば，母が息子とともに父を相続したとか，息子に兄弟姉妹がいたという場合です。相続人が息子1人だけというケースはまれなので，通常はこちらのパターンが一般的です。

そして，この場合には，**息子以外の相続人についてどのように利益調整をすべきか**が問題になります。

これについては，まず次のようなパターンが考えられます。

①**全員について追認を認めて無権代理行為を有効にする**

　つまり，土地全部の譲渡を認めるということです。

　そうなると，他の相続人は，「相続人の1人が無断で土地を処分すれば，自分が受け継いだはずの土地の処分を強制される」ことになります。これは，無権代理行為になんら関与していない他の相続人を著しく害する結果になり，「利益調整」として妥当ではなさそうです。

②**無権代理人の相続分についてだけ土地の移転を認める**

　これならば，他の相続人の利益を害することはありません。

　しかし，土地を買ったほうはどうでしょう。たとえば，「マイホームを建てようと思って50坪の土地を買ったところ，息子には母と弟がいたため，息子の相続分は12.5坪しかなかった」という場合，買主は，たとえ代金を減額されても，その「12.5坪」を買うことに納得はしないでしょう。これでは，あまりにも買主の不利益が大きすぎます。

　そういった考慮もあって，判例は，「**追認はするかしないかのどちらか**であって，一部の追認というものはありえない」としています。その結果，他の相続人の同意が得られなければ，無権代理行為を有効にするための「追認」はできないことになります。ウは正しいということです。

　その場合，買主は息子に代金を支払う必要はなく，なんらかの損害があれば，それを息子に請求できることになります。

　エに移ります。

　これはイとは逆で，先に息子が死亡してしまったという場合です。

　まず，相続があると，相続人は死亡した者が生前に有していた財産上の権利義務関係をそのまま受け継ぎます。つまり，死亡した者と同じ地位に立つことになります。ここをちょっと注意しておいてください。相続とは，「**死亡した人の地位をそのまま引き継ぐ**」という制度です。

　そこで，面倒がでてきます。エの場合，父は，相続によって自らの「**本人**」という地位（追認を拒否できる）と「**無権代理人**」という息子の地位（追認を拒否できない）の両者を兼ね備えることになる点です。その場合，父については，**どちらの地位を優先させるべきでしょうか**。

　ここからは，ぎりぎりの利益調整になりますから，やや常識で判断しづらい部分も出てくるかと思います。ですから，**そういった場合に限っては，判例の結論を覚える必要**が出てきます。

　エの場合，両者の地位は，一方は追認を「拒否できる」，他方は「拒否できない」という意味で相反するものです。そして，父は自らが無権代理を行ったわけではありませんから，判例はどちらの地位を主張してもかまわないとしています。エは正しいといえます。

　もちろん，本人の地位で追認を拒否した場合でも，父は息子の地位（無権代理人）も兼ね備えているわけですから，無権代理人として損害賠償の義務を果たすことは免れません。

　次にオです。

　「無権代理人を本人とともに相続した者が，その後さらに本人を相続した」というのは，たとえば次のような場合です。

①無権代理行為を行った息子が死亡し，父と息子の弟が息子を相続した。
②次に，父が死亡し，弟が父を相続した。

　まず，父についてはエと同じ扱いになります。
　問題は弟ですが，兄を相続した時点で，法律上弟は兄と同じ地位に立つものとして扱われます。これが相続の特性です。そのため，弟がその後に父を相続した場合には，無権代理行為を行った兄が父を相続したイと同じ扱いになります。したがってオは誤りです。
　以上から，イとオが誤りなので正答は **2** ですが，オについては，弟は何も責められるようなことはしていないので，最初は感覚的に違和感があるかもしれません。しかし，**利益調整としては，それなりに合理的な内容になっています**。ですから，最初に感覚に合わないと思ったものについては，法律の学習を進めていく中で，**「感情ではなく理性で考えてみる」という方法**を試みてください。そうすれば，感覚がより研ぎ澄まされて，きっと正確な判断ができるようになるはずです。
　最後に，アが「正しい」ことについても考え方を確認しておきましょう。
　アには，「法的安定」という民法の重要な考え方の1つが含まれています。どういうことかといいますと，追認拒絶権を有する本人がいったんその権利を行使してしまうと，無権代理行為はその時点で「無効」に確定してしまいます。そして，法律関係がいったん確定した場合，周囲の関係者はそれをもとに行動しますから，後にそれをひっくり返す（アでいえば，相続によって無権代理行為を有効にする）と，法律関係は大混乱を生じます。そこで，法律関係がいったん確定してしまった場合には，それについては，「関連することで多少不都合な点が生じてきた場合でも，もういじらない。いじることで大混乱を生じるよりも，**いじらないことのほうが社会全体の利益を大きく残せる**ので，そのほうがいい」と考えるわけです。これを「**法的安定**」の考え方といい，民法のあちこちで登場します。これも，覚えておきましょう。

Column

法改正と傾向の変化

　法律系では，ここ数年の間に多くの改正が行われて，その改正部分が素材として頻繁に出題されています。改正に関して憲法は例外ですが，他の科目は，もれなくといっていいほど，いろんな箇所で改正がなされていて，最近の社会の変動の激しさを反映するかのようです。

　たとえば，民法では，令和2年（2020年）に改正債権法が施行されたばかりですが，その直前の令和元年（2019年）には相続法の，また令和5年（2023年）には物権法の改正法がそれぞれ施行され，さらに令和6年（2024年）には親族法の改正が施行予定など，目白押しの状態です。

　改正の中には，これまで積み上げられてきた判例理論を条文化（成文化）したものもありますが，一方で，法律自体が時代にそぐわなくなっているとして，従来の規定とは逆の内容に変更をするものも多くなっています。後者の場合，改正前の規定に関する判例理論の問題などは，規定の変更により，素材として使えなくなってしまうので，最新の問題集を使わないと知識の混乱が生じるおそれがあります。法学部生以外など法律を専門に学習していない受験者の場合，どの規定が判例理論の成文化で，どの規定が旧規定を変更したものかは，いちいち条文に明示してあるわけではありませんから，古い問題集を使うと，「現在は通用する知識とそうでない知識」が混在してしまい，正答を選べないだけでなく，たとえば，「正しい肢が複数ある」などとして，試験場で無用な混乱を招きかねません。

　出題者としては，法律の基礎的な知識に加えて，法改正を現代の社会問題ととらえ，公務員の受験者に現在の社会の有り様や課題を認識してもらって，未来に向けたビジョンを描けるような人材として登用したいということを考慮に入れているのかもしれません。

　いずれにしても，問題集は最新のものを使って，旧規定の修正など手間をかけずにスムーズに学習を進めるような対策をおすすめします。

ミクロ・マクロは
スー過去で済ませる

もはや定番，スー過去に始まりスー過去で終わる

　ミクロ・マクロは，数式の問題が大量に出題されるため言葉として意味の分かる法律科目とは勝手が違います。**慣れていなければ，問題にまったく対処できません。**

　では，どうやって慣れるかですが，インプットの時間を省略しながら問題を解く力をつけるのが，スー過去のみで完結するやりかたです。ただ，そのためにはテクニックが必要なので，以下に説明しておきます。

　まず問題を見てみましょう。

【設問】開放マクロ経済モデルが次のように与えられている。

$C = 20 + 0.9 \, Y$

$I = 140 - 16i$

$G = 40$

$X = 50$

$M = 0.1 \, Y$

$L = 0.2 \, Y + 260 - 8i$

$M \, s = 300$

$$\left[\begin{array}{l} Y：国民所得，\ C：消費，\ I：投資，\ i：利子率，\ G：政府支出, \\ X：輸出，\ M：輸入，\ L：貨幣需要，\ M \, s：貨幣供給量 \end{array}\right]$$

このとき，このモデルにおける貿易収支に関する次の記述のうち，正しいのはどれか。**（国家一般職［大卒］・平成18年度）**

1　10の黒字である。

2　5の黒字である。

3　均衡している。

4　5の赤字である。

5　10の赤字である。

要するに，こういった問題を延々と解かなければなりません。ですから，法律と違って理屈を考え始めると，途中で挫折するリスクがぐっと高まります。特に法学部生のように，ゼミなどで論理的に考える訓練を積み上げているような人にこの傾向が強いのですが，インプットなしにスー過去「ミクロ」「マクロ」を始めるときは，一度**「理屈を考える」という思考方法をリセット**してください。

ミクロ・マクロは早く回すことを優先する

いかにわからない数字問題でも，少し間をあけて何度も解くと，次第に解き方がわかってきます。ミクロ・マクロに対しては，そういうスタンスで臨みます。

とにかく**基礎知識が何もない中で解こうとしている**わけですから，そもそも何なのかさえもわからないので，本当にわからないと思うと苦手意識が出てきてしまいます。苦手だと思わないように自分の中で気持ちをコントロールして進めていかなければならないので，やり方を工夫していきます。

進め方の一例です。

最初は，問題を自力で解くことはあきらめて，問題を一文ずつ，あるいは本文の部分を一行ずつ読みながら，POINTに戻ってみたり，解説を見てみたりします。

解説を読み，POINTに書いてあれば，「ああ，これのことか」と確認して，それをもとに答えを出してみたり，POINTに書いてなければ解説でこの作業をやってみたりします。解説とPOINTの両方を読むのは，次に解くときに，「あっ，何かあったな」と少しでも早く慣れるための工夫の一つです。決して，内容を**全部理解したり覚えたりするためではありません**。

大学受験等で参考書の説明部分を参照しながら章末問題に挑んだときと同じように，説明部分として（かなりコンパクトではありますが）使ってみるわけです。その方法は，「問題文のここの部分は，POINTのここに書い

てあるから，それと照らし合わせて正しい，あるいは誤りと判断できる」などとＰＯＩＮＴの説明を使って答えが出ないかを確認するわけです。答えが出れば，「なるほど」と一応納得できますし，出なければ「何か別の要素が必要なんだろう。とにかく，今回はこの部分の問題だということだけは確認しておこう」という程度で済ませます。

　それで，意味がわからなくても，**「こういうことか，ふ～ん」で終了**。これをずっと続けて，最後まで「ふ～ん」で終わって構いません。

　ただし，途中で数式問題とかがありますから，「あっ，これなら解ける」と思って挑戦してみます。「おお，解けた」となれば，少し気持ちが楽になるはずです。

　数式問題については，先に解説を見ながら，「数式問題もアルファベットにこの数字を当てはめて解くんだ」ということを確認し，そのあとで，今解説の中で見た知識を使って自力で計算してみます。出た答えと解説の答えを照らし合わせて，「お，合ってるな！」となれば，「自分は解ける」と思うわけです。

　また，解けた場合には，ついでに一つでも二つでもよいので，数式の中の記号の意味が何かを，解説やＰＯＩＮＴを参照しながら確認してみるようにします。

　２回目は，解説を見ずに自力で解いてみます。 そうやって，何度か繰り返す中で少しずつ解けるものを増やしていきます。

　この方法で，先の問題を解いてみましょう。

　まず，冒頭で**「開放マクロ経済モデル」**となっています。マクロ経済とは国家全体の経済のことです（なお，ミクロ経済とは家庭や企業などの経済をいいます）。そして，「開放」とは，開放経済すなわち外国との貿易や資本取引が行われる経済を意味します。この開放マクロ経済では，為替レートが経済に一定の影響を及ぼします。ある国の利子率が上がると，それを目当てに外国から投資資金が流入して，その影響から為替レートが上昇し，輸出が減るなどの効果が現れます。

　ところが，本問では為替レートが考慮すべきファクターとして含まれていません。これが含まれているかどうかで，「マンデル＝フレミング・モデル

とIS-LMモデルという2つのモデルのうちのどちらを使うか」が分かれてきます。本問のように為替レートが含まれていない場合にはIS-LMモデルを使います。

IS-LMモデルは計算式が決まっていて，それは次のようなものです。

IS（曲線）の式は「Y＝C＋I＋G＋X－M」，LM（曲線）の式は「Ms＝L」です。この数式は，何度も出てきますから，繰り返し問題を解いているとすぐに覚えてしまいます。

長々と説明しましたが，要するに，本問では「Y＝C＋I＋G＋X－M」の式と「Ms＝L」の式を使えばよいということです。最初に，解説でこの点を確認します（それだけで済ませます）。

そこで，問題に移って，この2つの式を使ってみます。

設問で与えられた値を代入して計算式を整理すると，

IS（曲線）の式は「0.2 Y ＝ 250 － 16i」

LM（曲線）の式は「300 ＝ 0.2 Y ＋ 260 － 8i」で，

これを整理すると「0.2 Y ＝ 40 ＋ 8i」

になります。

本問で最終的に求めるものは貿易収支ですが，貿易収支とは輸出から輸入を引いたもの（X － M）です。問題文の数値を当てはめると「50 － 0.1 Y」で，Yすなわち国民所得を求められれば貿易収支の数値が出てくることがわかります。

そこで，先に求めた「0.2 Y ＝ 250 － 16i」と「0.2 Y ＝ 40 ＋ 8i」の2つの式からYを求めます。後の式を2倍（0.4 Y ＝ 80 ＋ 16i）して2つの式を足すと，

$$
\begin{array}{r}
0.2\,Y = 250 - 16i \\
+\ 0.4\,Y = \ \ 80 + 16i \\
\hline
0.6\,Y = 330
\end{array}
$$

よって，Yは550とわかります。

したがって，Y ＝ 550を貿易収支の式「50 － 0.1 Y」に代入すると，「マイナス5」＝「5の赤字」が求められます。これで，正答が**4**とわかります。

解説を見ながら解き方を確認し，一度実際に解いてみます。ここでは意味を説明しましたが，開放マクロ経済モデルの意味もマンデル＝フレミング・

モデルの意味もわからなくて構いません。**どんな数式を使うのか，それをどう組み合わせればよいかを確認すれば十分**です。

ただ，それで解けた場合には，先に説明したように，「数式のＸとＭの意味だけは容易にわかりそうだから確かめておこう」と考えてみます。それで，「なるほど，確かに貿易収支は輸出から輸入を引けば出てくるよね。ＸとかＭとかは，そういう意味だったのか」と，もしここまで進めれば，かなり気持ちも乗ってくるはずです。

あとは数式に問題文の数字を当てはめて答えを確認する。何となく無機質な作業ですが，それを続けていきます。

学習の進め方

ミクロ・マクロはどちらから始めても構いません。

ただ，ミクロから始めてマクロにいくと，前にミクロで見たことがあるような気がすると思って，何となくマクロのほうが解ける気がしてくることがあります。

1回目の目標は，１日１テーマ進むことです。できればミクロ・マクロの両方でこれをやってみましょう。これらを１カ月で終わることを目標にします。ミクロは全部で24テーマ，マクロは18テーマですから，多少の余裕があります。ですから，「毎日１テーマずつできなくても，１か月で終わる！」と思えば，すごく分量が多いテーマだったら半分にするとかの調整もできます。

２～３回まわして苦手意識がなかなか取れないという場合でも，応用レベルまでは解くようにします。

とにかく回すこと。そうすれば，解ける問題が確実に増えてきます。

あとは，とにかくスー過去の中で完結させて，これ以上のことが出てきたら**みんなも解けないだろう**と思うわけです。気持ちの中で，「他に知らないことがまだあるのでは？」とか，「まだあるはず！」などと考えるよりは，「似たような問題しか出ない中で，わずか数問のために分厚いスー過去

をこれだけ頑張った自分が解けない問題を，ほかの受験者が解けるわけがない。これ以上のことができる受験生はまずいない」と思うことが大切です。実際そうなのですから…。

　4〜5回まわす頃には，問題がかなり解けるようになっているはずです。

周辺科目は試験に 応じた対策を取る

科目の優先順位を決める

　主要科目の学習が軌道に乗ってきたら，1つの科目に費やす時間が少し短くなってきますから，その空いた時間に周辺科目を少しずつ日程の中に加えていきます。

　一度に全部は入りませんから，**科目の優先順位**を決めなければなりません。

　問題は，その選び方ですが，まず，「財政学」は優先的に選択します。理由は，国家一般職と地方上級に共通していて，かつ出題数も多いこと，また学習内容がほかの科目と重なっていて，勉強量が少なくて済むことなどです。

　これ以外の科目については，地方上級と国家一般職で分けて考えます。

地方上級の周辺科目対策

　まず，地方上級（全国型）の場合には，刑法や労働法も早めに選択しておきます。それぞれ出題数が2問と少ないのですが，確実に合格するために，きちんと対策を取るようにします。

　労働法は意外にわかりやすい科目で，スー過去も早めに終われるはずです。刑法は難解な科目ですが，スー過去の「試験別出題傾向と対策」で出題箇所を確認し，出題が多い部分を一通り潰しておきます。問題を解く中で，自分の将来の職務が公務執行妨害罪の保護の対象になるのかとか，市役所に虚偽内容の申請をしたら何罪になるのかといったことを考えながら解くと，興味がわくと思います。法律科目は，理屈がわかると覚える作業を省略できる部分が多いので，早めに入れて構いません。

　これ以外では，政治学や行政学を年明けごろから，社会政策・国際関係・

経営学などをそのあとに入れていきます。

国家一般職の周辺科目対策

　一方，国家一般職［大卒］の場合には，16科目のうち8科目選択で，そのうち主要科目＋財政学・経済事情で7科目になります。あとの3科目は最初から決めておかずに，5科目ほど準備しておいて，試験会場で3科目を選択するという方法がお勧めです。

　行政学，国際関係，社会学の3つは，年度によって問題の内容が変わります。これら3科目は地方上級とは難易度が違うので，地方上級の対策の中で得た知識を流用しようと思っていると思わぬ落とし穴にはまる場合があります。対策した分の結果が返ってこないおそれがあり，そういう意味で運に左右される要素が強いので，選択科目を少し多めに準備しておくわけです。

「試験別出題傾向と対策」を最大限活用する

　周辺科目も，**基本はスー過去の問題を解くこと**です。

　どんな問題が出るのかという情報は，過去問から得るのが一番効率的です。ただ，試験ごとに，出題の頻度が高いテーマと低いテーマ，また，まったく出題されないテーマなどが分かれてきます。

　そういった情報については，「試験別出題傾向と対策」を最大限活用するようにします。周辺科目では，テーマごとに「出る」「出ない」の差が大きいので，時間を有効に使う意味でも傾向を常に意識しておくことは不可欠です。

　頻出分野をつぶし，その中の知識を固める。それが済むまでは，ほかの分野に手を出す必要はありません。

Column

専門試験の出題科目

　事務系公務員の専門試験は，**行政系科目，法律系科目，経済系科目，商学系科目，その他**に分かれます。出題科目については募集要項（受験案内）に明記されるので，教養試験のような不透明感はありません。

　多少わかりにくいのは「経済学」という科目です。これは経済原論（経済理論とも呼びます）のほかに経済史，経済事情，経済政策などが合わせて出題される場合の科目名です。また，**経済原論**は範囲が広いので，問題集などでは「**ミクロ経済学**」「**マクロ経済学**」と2つに分かれている場合があります。

◎**専門試験の出題科目**

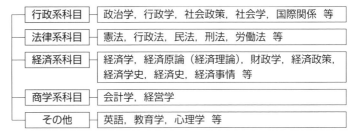

行政系科目	政治学，行政学，社会政策，社会学，国際関係　等
法律系科目	憲法，行政法，民法，刑法，労働法　等
経済系科目	経済学，経済原論（経済理論），財政学，経済政策，経済学史，経済史，経済事情　等
商学系科目	会計学，経営学
その他	英語，教育学，心理学　等

　出題される科目は試験によって異なるので，表のすべての科目が出題されるわけではありません。また，それぞれの科目から何問が出題されるかも，試験によって異なります。

　ただ，どの試験でも共通して出題数が多いのは，法律系科目の**憲法，行政法，民法**，それに**経済原論，財政学**といった経済系科目です。これらの科目を学習の中心に据えるのが一般的です。

　なお，将来の進路として公務員を考えている大学1年次や2年次の人は，受験を希望する公務員試験の出題科目も考慮して，履修する科目を決めるとよいでしょう。

第3章

論文試験の
書き方

採点者は1通の答案を
2〜3分で読みます。
評価される答案の書き方を
教えます！

論文対策は最終合格の特効薬！

　ここからは論文について説明します。

　一次試験の突破，すなわち択一式の対策を重視するためでしょうか，論文試験については受験者の関心が今一つで，対策も十分とはいえません。ところが，実際には，**論文の学習は最終合格するために極めて重要**な役割を担っています。なぜなら，二次突破の重要な要素である**人物評価に論文の学習が深くかかわっている**からです。

　公務員試験は就職試験ですから一次試験を突破しただけでは意味がありません。あくまで最終合格が目標でなければなりません。そして，これを確実にするのが，実は論文の学習なのです。

論文対策は面接突破＝最終合格の特効薬！

　論文対策の第一の効果は，もちろんのことに論文試験での成績アップです。しかし，それよりもはるかに重要な効果があります。それは，面接カードの書き方や面接試験の応答に及ぼす計り知れない効果です。

　「論文の勉強で？」と思うかもしれませんが，**論文対策では「考える力」と「表現する力」が磨かれます**。これが面接＝最終合格のカギを握ることになります。考える力がなかったら，面接で上滑りの答えしかできません。

　そもそも，論文にせよ面接にせよ，**相手（試験官）に自分の考えを伝える**ことを要素としています。そのためには，「伝えるべき素材」と「伝える力」の2つが絶対的な要素になります。**この2つを養えば，論文にも面接にも役立つ**のです。

　ところが，「伝えるべき素材」と「伝える力」を養うにはかなりの時間が必要です。文章（論文）にせよ発言（面接）にせよ，自分の考えを相手（採点者・面接官）に正確に伝えられるようにするには，**簡潔で的確な表現が不可欠です**。そして，これを身につけるためにはそれなりの訓練が必

要です。

　実際に論文を書いてみると，知識が頭の中でいかに整理されていないかを思い知らされることが多いのです。ほかの人に読んでもらっても，最初のうちは「何を言いたいのかわからない」とか，「ここの部分，どういう意味？」といった指摘が頻繁に返ってきます。**これを修正せずに試験に臨むのは，ほとんど無謀**といってよいでしょう。

　面接では，深く掘り下げられても十分に相手を納得させる受け答えをするには，事前対策で積み上げた「どこからでも答えられる」という大量のストックが必要です。また，表現力がなかったら，まともな面接カードなど書けません。**面接カードを見ただけで面接官が興味を失う事態**は絶対に避けなければなりません。

　ところが，「一次を越えなければ二次に進めない」という強迫観念のためか，**受験者はなかなか論文対策を学習計画に組み込もうとしません**。しかし，近年のように，一次合格者をかなり多めに出して二次試験以降で最終合格者を絞り込むような傾向の下では，競争は相当に熾烈になります。一次・二次の両方の試験対策をしておかなければ最終合格にはたどり着かないことをしっかりと認識しておく必要があるのです。

 ## 伝えたいことをうまく伝えられないのはなぜ？

　では，論文・面接で自分の意図が相手に伝わりにくいのはなぜでしょうか。

　その原因は2つあります。

　1つは，素材を的確に伝える技術が未熟なことです。これは長期間の熟成が必要で，身につけるには長い時間がかかります。ただし，1日のうちに費やす時間は意外に少なくて済むので，ほんの少し手間をかけ，それを長く続けることで十分に対策が可能です。つまり，一次対策の合間にこなせば十分なので，一次の学習スケジュールをあえて変更する必要はありません。たとえば，日曜日にちょっと時間を取るという程度でも十分に効果が期待できます。ですから，できるだけ早く始めて「熟成期間」を確保するこ

とが大事なのです。

もう1つは素材に対する理解が深まっていないこと。これは，論文対策が「面接突破の特効薬になる」ということに深くかかわっています。

代表的なテーマである「求められる公務員像」や「○○県△△市の魅力の発信」といった課題の論文を書く練習をすることで**志望動機が練り上げられ**，また，**社会の動きなどを深く掘り下げて考えるクセ**がつくようになります。そして，これが二次突破に**決定的な役割を果たす**のです。

実際，論文対策をちょっと始めただけで，ニュースや自治体の広報誌といった「二次有用情報」に意識が向くようになります。**論文対策を始めていなければスルーしてしまう情報**に対して興味がわき，自分なりに考えてみようという気持ちになるから不思議です。

なぜ公務員になりたいのか，その官庁・自治体で何をしたいのかといった面接での根幹となる質問についても，二次試験の直前期の付け焼刃の考えと，熟成を経て身につけた考えでは深さがまったく違ってきます。そのため，**少々突っ込まれたくらいではボロは出ません**。かえって相手を感心させ，二次突破に結びつくことになります。

特に，**独学で面接対策の環境が整っていない場合**には，面接の練習をできない分，論文に倍以上の労力を費やして，考えを深めておいたほうがよいのです。「本物は色あせない」という言葉に象徴されるように，論文対策ができない分のデメリットを補って十分に余りある成果が出てきます。

合格者の「論文対策はしなかった」は本当？

こういう発言は鵜呑みにしない方がよいでしょう（たとえ合格者が意図して隠していないにしても）。

その理由は2つあります。

1つは，論文対策をあえてしなくてよい合格者だったかどうかの検証がな

いこと。もう1つは，「なんだ，しなくてよいのか」という思いの中に「楽をしよう」という隙が生まれていることです。

　論文には，**表現する力，社会の事象の理解度，職種に対する熱意**など複雑な要因が絡んでいるので，もともと文章表現がうまく，社会の事象にも興味があり，最初から公務員を目指していて目的意識がはっきりしている受験者の場合には，最初から「伝えるべき素材」と「伝える力」が身についていることが多いのです。「論文対策はしなかった」という体験談が当てにならないというのはそういうことです。むしろ，それを聞いて安心して，**「論文に時間を割かなくてよい」という気持ちの隙が生まれる**ことの方が問題です。

　実際，「絶対に合格したい」と思っている受験者は，機会をとらえて必ずと言ってよいほど論文の練習をしています。その人たちに伍して最終合格を勝ち取りたいと思っているならば，やはり気持ちの隙は作るべきではありません。

 効率的な論文の学習法とは？

　そこで，効率的な論文の学習法ですが，これは何も難しく考える必要はなく，方法もそれほど難しくありません。ただし，**熟成期間は必要です**。ですから，論文対策は早めに始めることが必須です。

　第一に大切なのは，一次を突破しても**二次に大きなヤマが控えていることを自覚**することです。これができれば，論文・面接に意識が向いてくるようになります。この**「意識が向く」ということが重要**です。特に面接の場合，面接カードの内容で合否が左右されるとも言われることから，表現する訓練を論文対策で養うという自覚が必要になります。

　そこで，効率的な学習法です。

　まず，取り掛かりは，本書の説明で**「論文の基本的なルール」を理解します**。そして，問題部分をパラッとめくって，休憩時間などの空いた時間で構いませんから，出題されている論文のテーマに目を通すようにします。最初はテーマのみで構いません。要するに，**考えるきっかけを**

作るわけです。この方法で，前述したニュースや自治体の広報誌などといった「二次有用情報」に自然に意識が向くようになります。すると，休憩時間や通学時間などのちょっとした時間に「考えようとするクセ」がつくから不思議です。

　1～2か月たって考えることを少しずつまとめられるようになってきたら，本書の「論文の基本的なルール」の部分を意識しながら**実際に書いてみましょう**。

　この段階でも，決して**無理をする必要はありません**。あくまでステップ・バイ・ステップで，「熟成」重視で進めます。時間的には一次試験の学習の合間で十分です。**最初に答案を読んで，次の週に実際に同じテーマで答案**を書いてみます。1週間という間隔を置くのは「熟成期間」を確保するためです。そして，これを繰り返せば，相当なレベルまで実力を高められるはずです。

　また，論文試験に対する意識が高まってきたら，**『受験ジャーナル』の「チャレンジ論文道場」の添削**を利用するようにしましょう。

　良問がそろっていますので，ここでしっかりとレベルアップを図ります。そこで大切なことは，答案の評価に対して素直になること，そして指摘に対しては修正を怠らないことです。

　では，上記の方法で実際に始めてみましょう。

2〜3分で評価される答案を書く！

「読んでもらう」それがすべての出発点

　まず，読みやすい答案を作るための第一歩として，「心構え」を作っておきましょう。

　「そんなの，必要？」と疑問に思われるかもしれませんが，これがけっこう重要な役割を果たします。そして，その心構えとは，

「採点者に伝わるように書く」

ということです。

　実際の答案は，これとは逆のものが大半です。採点してみると，**読み手のことを考えずに，ただ書いているという答案がとても多い**のです。

　どういうことかといいますと，採点者に自分の主張を理解してもらうための配慮がないので，主張の内容が伝わらないのです。

　確かに，試験場という緊張した雰囲気の中，限られた時間で難しい問題の解決法を書かなければなりませんから，「とにかく何か書かなければ」ということに気持ちが精一杯で，とても読み手のことなど気にしていられないという事情もわからないではありません。でも，論文は，採点者にその内容が伝わらなければ何の意味もありません。

　それに，採点者は，**短時間のうちにかなり多数の論文を読んで採点を行います**。時間をおかずに読むことで，答案相互の相対比較の正確性を担保できるからです。

　論文というものは，内容が千差万別ですから，時間を空けて読むと，最初に読んだ論文と後で読んだ論文の点数が微妙に違ってくることがあります。短時間のうちに採点してしまえば，判断の正確性や客観性はきちんと担保できます。

187

その代わり，**1通に要する採点時間はほんの2〜3分**しかとれません。

　また，短時間のうちに大量の論文を読むのは，相当にハードな作業です。それでも，採点者は受験生の人生がかかっていると思うと，かなり集中して真剣に読んでいます。ですから，答案作成においては，採点者に「理解してもらう」という姿勢が必要なのです。

　とにかく，読みやすい答案を作るための出発点として，まず「心構えを作る」ことの意味をしっかりと意識しておいてください。

 ## 自分で書きやすい構成は読み手もわかりやすい

　採点者に理解してもらうための最初のポイントになるのが，答案構成です。

　皆さんは，次のような問題が出題された場合，どのように答案構成をしますか？

> 【設問】　○△市の抱える課題とその解決策について述べなさい。

　採点者が一般に想定する構成はこうです。

> 1．まず，○△市の抱える課題としては，①×××，②×××，③×××がある。
> 　　以下，その解決策について，順を追って述べる。
> 2．まず，①については…
> 　次に，②については…

　ところが，このように説明すると，決まって同じような反応があります。

「こんな簡単な構成でいいんですか？」

それならば，どんな構成をするのかと思って実際に答案を書いてもらうと，実にさまざまなスタイルで書いてきます。

　でも，答案を提出するときに，決まって「どうにも書きにくかった」という言葉が出てきます。そこで，それらの答案を読んでみると，「書きにくかった」という言葉どおり，何を書いているのか意味がよくわからないのです。方針が一貫していない中で，答案の中身だけをあちこちいじる作業をするために，最終的に**全体がバラバラになって，何を言いたいのかが見えてこない**のです。

　そこで，このことを踏まえて，もう一度設問を考えてみましょう。

　問われていることは，「○△市の抱える課題とその解決策」です。

　そうであれば，「課題にはこういったものがある。その解決策はこうだ」と答えれば，それで十分に問題に対する答えになっています。

　というよりも，設問が「課題とその解決策を述べよ」となっている以上，**それを書かないことには設問に答えたことになりません**。でしたら，「課題はこうだ，解決策はこうだ」としか，答えようがないのです。

　また，採点者の側としても，「課題とその解決策」をテーマとして提示しているので，それらが述べてあると予想して採点に臨みますから，「課題はこうだ，解決策はこうだ」という以外のスタイルで構成されていると混乱してしまいます。

　先に，「短時間のうちに大量の答案を採点する」，「1通にかかる採点時間は2〜3分」と説明しました。そうであるならば，やはり**一番採点しやすい構成で書いてほしい**のです。そして，それが，自分の主張が採点者にもっとも「伝わりやすい」構成なのです。

　論文というと，「何か独自に光るものを書かなければいけない」とか，「採点者を驚かせるような主張を展開しなければならない」などと**誤解している人が多い**ようで，この点が「独自の構成」に走らせる一番の原因になっているようです。

　しかし，論文は，

①順序だててきちんとした説明がなされているか（論理的思考力）

②相手にわかりやすいように自分の主張を展開しているか（コミュニケーション能力）

といった点を見るためのものですから,「独自の構成」にこだわる必要はありません。研究論文ではありませんから,高度な内容を要求しているわけではないのです。

　ですから,**採点者が予想するパターンで主張を述べていくの**が,採点者に評価してもらうベストの方法といえます。

　それに,「設問に正面から答える」という方法をとれば,構成に悩む必要はありません。先の例でいえば,最初に課題を書いて,次に解決策を書けばよいのですから。

　そして,このように,「**自分にもわかりやすい構成**」をとれば,それは「**相手にもわかりやすい構成**」になります。なぜならば,論文では問題文という共通の素材が書き手と読み手をつないでいるからです。

　つまり,上例でいえば,出題者は「課題と解決策」を提示し,受験者は「課題と解決策」について述べるというように,「課題と解決策」という問題文に答えることが両者の共通認識になっています。ですから,そのとおり書いてもらえれば十分なのです。

　いかがですか。もう,「こんな簡単な構成でいいんですか？」という疑問は,多分解消されたと思います。

読みやすい答案を
作るための基本

　そこで，読みやすい答案を作るための基本的なルールを以下に提示しておきます。

> 苦しくても，採点者の質問（つまり設問）に正面から答える。

　たとえわからない設問に突き当たったという場合でも，「質問に答える」という姿勢を崩さないでください。

　点数は，問題に答えてはじめて付けることができるものです。

　たとえば，ある幼稚園が翌日に予定されている運動会を行うかどうかを判断するために，気象サービスの会社に「明日晴れるかどうか」を問い合わせたとします。それに対して，「今年は気候不順だ」という答えが返ってきても幼稚園にとっては何の意味もありません。問いに対して答えていないからです。

　その場合，幼稚園はその回答に対して正当な評価を行おう（料金を払う）とするでしょうか。たぶん，「何の意味もなかった」として評価はしない（料金を払わない）はずです。

　このように，問題に答えていなければ評価はできないのです。ですから，たとえ苦しくても，書き終わるまで，絶対に問題から目をそむけないようにしてください。つまり，文を書き始めてから書き終わるまで，徹頭徹尾，**「これは設問で問われていることか？」と自らに問いかけながら書き進む**という姿勢が必要です。

　仮に，全体のボリュームが足りず，何かを付け加えたいという衝動に駆られても，その付け加える事項が「設問に対する答え」になっているかをきちんと判断する必要があります。もし，「設問に対する答え」になっていなければ，それは書くべき事項ではありません。

　なお，わからない問題に突き当たった場合に，どう切り抜けていくかにつ

191

いては，実際の出題例を解く中で説明することにします。

何を主張したいかを，冒頭部分にまとめる。

「主張したいことを冒頭部分にまとめる」とは，たとえば，次のような書き出しをいいます。すなわち，

> 設問に対して，私は次の2つのことを主張したいと思う。1つは○×，もう1つは□△である。そこで，以下，これらを順に述べる。

そして，この方法は次のような点でとても効果的です。

第一は，**採点者をぐっと楽にすることができます**。なぜなら，答案に何が書いてあるかを予測できるからです。

たとえば，「地球温暖化防止のために，今後どのように取り組んでいけばよいか」（福島県・平成20年度）という問題が出題されたとします。

その場合に，たとえば，いきなり京都議定書についての議論を始めているような答案を見かけることがありますが，そのような答案の場合，採点者は「受験者が何を主張したいのか」というその全体像を見通せません。確かに京都議定書も問題に対して関連はあるのでしょうが，そういう書き出しでは，「**何を言いたいか**」，**その主張の核心が見えてこない**のです。こういう答案はかなり読みづらく，そのため評価はシビアになってきます。

むしろ，

> 今後の取組みとしては，事業所の取組みについてはある程度の効果が上がっているので，家庭からの温室効果ガス排出抑制に力を入れるべきである。以下，その具体的な取組みの方法について述べる。

などと書いてあったほうが，「こういうことを言いたいのだな」という主張

192

の核心が冒頭部分ですぐにわかります。ですから，採点するほうは楽です。こういう答案は，内容がよく伝わりますから，かなり良い評価が得られるはずです。

　第二に，**受験者も，自分の姿勢を確認できる**という利点があります。

　今から何を主張しようとするかを自分で確認できれば，文章はまとまりのある読みやすいものになります。また，途中で議論が思わぬ方向に進んだり，論理矛盾を起こしたりするようなことも回避できます。

　上記の例でいえば，冒頭で「家庭からの排出抑制」というテーマを自分で設定しておくわけですから，あとはそれに添って書けばよいので，書く内容も固まります。省エネ家電やエコカーへの買い替え促進，ソーラーパネルの普及促進などが考えられますね。

　以上のような効果がありますから，まず冒頭部分で
「どういう主張を展開したいかを明らかにする」
ことをぜひ試みてください。

文は短く切る。

　これは，文章の基本です。

　文章は，短く切ったほうがわかりやすいのです。次の例で考えてみましょう。

【例文】今日は朝からとてもよい天気だったので，久しぶりに家族みんなでどこかに出かけようということになり，めいめいアイデアを出し合ったところ，場所をまとめることができなかったため，結局はお父さんの行きたい所に決められてしまい，下の弟がその場所に不満だったのか，急に用事を思い出したと言い始めて…

日頃から注意しておかないと，ついこんな文章になりがちです。

では，文を短く切ってみましょう。

【例文】今日は朝からとてもよい天気だった。そこで，久しぶりに家族みんなでどこかに出かけようということになった。めいめいアイデアを出し合ったが，なかなか場所がうまくまとまらない。そこで，結局はお父さんの行きたい所に決められてしまった。ところが，下の弟がその場所に不満だったのか，急に用事を思い出したと言い始めて…

印象は，随分違うと思います。文を短く切ったほうが読みやすいですね。
とにかく，採点者に主張内容を理解してもらうための方策として考えられるものは，すべてトライしてみてほしいのです。
「文を短く切る」というのは，とても効果のある方法です。

> ボリュームよりも内容を優先する。

論文の試験においては，書く量に関して字数制限が設けられています。
たとえば，1,200字（これは，400字詰め原稿用紙3枚分に当たります）であるとか800字であるとか，「上限」に関する指定が多いのですが，なかには1,100字〜1,500字といったように，「上限と下限の双方」について指定されていることもあります。
後者の場合には，上限と下限の双方を満たすように記述する必要がありますが，では，前者の場合はどうでしょう。
もちろん，「課題に対して主張を展開するのに適正な量」というのがありますから，「十分に論じてある」という評価を得るためには，**上限の字数の8割以上はスペースを使うというのが理想**でしょう。
ただ，問題は，それだけの量を確保できなかった場合，つまり**書くべき事項が見当たらない場合にどうするか**ということです。
よく，受験者のほうから「最低でも8割程度は書かなければ合格答案にならないのでは」という言葉を聞くことがあります。

でも，この点にこだわっていると，そこに一つ落とし穴があることに注意してください。

それは，

> 「スペースを埋める」ことに気をとられていると，
> 「設問に正面から答える」から目が離れてしまう。
>
>
>
> つい，「知っていること」を付け加えてしまう
>
>
>
> その部分が「設問に答えている」かの検証がおろそかになる
>
>
>
> 付け加えたばかりに，「付け加える前の答案なら得られたはずの点数」
> よりも低い評価になってしまう。

ということです。

もう一度確認しておきますが，答案の内容が問題に対する答えになっていなければ，それは評価の対象にはなりません。

先に，「文を書き始めてから書き終わるまで，徹頭徹尾，『これは設問で問われていることか？』と自らに問いかけながら書き進むという姿勢が必要」と説明したのは，一つには，**スペースを埋めようとする過程で，設問から目が離れてしまうことを防ぐ**ためです。

ですから，仮にスペースが埋まらないという不安に駆られたら，次のことを考えてみてください。

①答案構成の段階であれば，例を増やすなどで対処する。ただし，「答案の説得力が増す」という判断をした場合に限る。
②答案を書いている途中であれば，
　　・設問に対する答えになっているか→なっている
　　・論理の流れを阻害しないか→しない
　　この２つがともに満たされた場合にのみ，付け加える。
③付け加える前の答案を読んでみる（書いている途中であれば，付け加えない状態での答案を予想してみる）。それが問題に対する答えになっていれば，無理に付け加えない。

　付け加えたばかりに，焦点がぼやけてしまって説得力のない答案になるということは，よくありがちなことです。
　基本は，何といっても

「設問に正面から答えること」

です。この点から考えた場合，後からスペースを埋める作業はかなりのリスクが伴います。
　スペースを埋めることよりも内容を充実させることを優先し，設問にしっかり答えられていると思えるならば，多少短くてもそれほど気にする必要はありません。
　採点者は，スペースよりも内容の充実を望んでいるのですから。

論文試験の出題形式

「一行問題」と長文の設問のどちらが書きやすいか

　論文試験は，数行にわたるような「長文の設問」と，わずか1〜2行程度のいわゆる「一行問題」とがあります。受験者の中には，長文の問題が苦手だという人がいます。

　ただ，どうして苦手なのかを尋ねてみると，長文を分析するのが面倒だというのが大方の理由のようです。どうやら，長文の設問はごちゃごちゃしていて難しそうだという先入観があるようです。

　しかし，これは大きな誤解です。**長文の設問には，論の展開のためのヒントがしっかりと入っています**から，それを使って書く内容を絞り込むことができます。したがって，通常は，「一行問題」よりもはるかに書きやすいのです。

　具体例で説明しましょう。

　たとえば，地方自治体の試験で，

　　「地域の活性化について，あなたの考えを述べなさい。」

という一行問題が出されたとします。

　この場合，地域の活性化というのは，とても幅のある概念ですからいろんなことを書けますね。その意味では，何か**思いついたことを書けるという点で楽**なのですが，そのように思いつきで書いた答案の場合，「主張が核心を突いていない」とか「単に知識を羅列しているだけ」などの理由から，**なかなか良い点数が付きにくいのです**。

　それに比べれば，長文の設問の場合は，設問に書いてほしいポイントが絞りこんであります。そのため，それをヒントに書けばよいので，**主張すべき内容を自分で探す必要がありません**。その分，楽に書けるのです。

採点者に取っての「長文設問」のメリット

　出題者としては，長文の設問よりも**一行問題のほうが作るのは簡単**なのですが，反対に**採点がしにくい**というデメリットがあります。

　長文の設問を作るのは，答案で**論じてほしいことを絞り込むためなんです**。つまり，設問の中で出題者が聞きたいことをあらかじめ限定しておけば，それに答えていない答案は，そのこと（質問に答えていない）を理由に**簡単に排除できます**。

　一方，一行問題の場合は，何を素材に論じるかを，いわば「受験者の裁量」に任せているわけですから，採点者は，答案でどんなことを論じられても文句は言えません。何通もの答案を採点しながら，

　　「いろんなことを考えるんだねぇ～」

とため息をつきつつ，苦労して点数を付けているわけです。

　ですから，長文問題の場合には，問題文の中に示した書き方のヒントに乗っかってきてほしいのです。そのほうが，皆さんの側も楽ですし，採点するほうも客観性をしっかりと担保できます。

●長文問題の答案構成のしかた●

　設問の中に，書くべき事項とその論述の順序が書いてある。
　それを読み取って，その要求に沿う形で答案を構成する。

　ところが，受験者は実際はなかなかこれに乗っかってきてくれません。これは，**問題文で何がヒントになっているかを十分把握できていない**ことが原因のようです。

長文設問の読み取り方

　ここからは，答案の書き方について，過去の出題例を素材に考えていきましょう。

　ここでは，まず書きやすいほうの長文問題を例に，答案の書き方をご説明します。その際，**どこにヒントが隠されているかとか，出題者がどういった答案構成をしてほしいと思っているか**などをしっかり汲み取るようにしてください。

　そうすれば，論文がとても楽に書けるようになりますから。

 ## 設問をよく読むのが基本

　では始めますよ。

　まず最初に，長文問題の答案作成上の注意点を2つ挙げておきます。

> ●答案作成上の注意点－その1 ●
>
> まずは，「設問に答える」という基本ルールを厳守する
> 特に，知っているテーマでは，慎重に問題文を読む

　いわゆる頻出テーマの問題の場合，何を書けばよいかについては，学習を進めていくに従っていろんな知識がついてきます。

　こういう場合，ともすると，

　「やった，○△だ！　これなら書けるぞ」

といって，設問文を読まずに書き始めてしまいがちなのですが，それはダメ。

　なじみのあるテーマは，他の受験者もひととおりのことが書

けるので，採点者に納得してもらうためには，なじみのないテーマ以上に，
　　「**問題文をよく読む**」
ことを，自らに言い聞かせることが大切です。

　なじみのないテーマの場合は，問題文だけが拠り所になるので，あえて
「設問をよく読もう」と意識しなくても，ていねいに読まざるをえません。
「やった！」と思う設問の場合，これがおろそかになるので，より慎重にな
る必要があります。

　その理由は，
　　「**たとえ同じテーマでも設問によって切り口が異なる。だから，
聞かれていることに答えなければ，設問に答えたことにはならない**」
からです。

　頻出テーマの設問も，切り口がすべて同じとは限りません。ですから，ど
んなに熟知しているテーマでも，やはり無心になって，「**問われている
ことに正面から答える**」という姿勢が大切です。

　また，「何をどう書けばよいか」が問題文に書いてあるのなら，あとはそ
のとおりに書いていけばよいのですから，そちらのほうがはるかに楽なはず
です。

 ## 小問形式の論述ルール

　ところで，小問形式（問題本文で説明した内容について，複数の小問を設
けて問いかける形式）の設問には，通常次のようなルールがあります。

●答案作成上の注意点－その２●

小問形式の問題には論述のルールがある

　すべての場合に妥当するとは限りませんから，このルールが当てはまるか

どうかを，最初に問題文によって確認する必要があります。

　ただ，問題文を読めば，このルールが当てはまるかどうかはすぐにわかります。それほど，判断は難しくありません。

　また，よほど特殊な場合でない限り，各小問を独立に論じさせるようなことはないので，以下のルールを原則と考えてよいでしょう。

ルール1　数の若い小問を前提に，論を次の小問につなげる

　小問形式では，それぞれの小問を独立した問いにすることはほとんどありません。通常は，「①を前提に②を論じさせる」形を取るのが一般的です。

　これは，議論をその方向に誘導したいという出題者の意図ですから，数の若い小問を次の小問のヒントと考えて，それに沿った形で論を進めます。

　→小問1と小問2の記述内容を必ずリンクさせる。

ルール2　ルール1が当てはまる場合，論じる量の配分にも注意します

　これは，

「前提はコンパクトにまとめ，本論に論述の中心を置く」

ということです。

　前提を長々と書いて，本論のボリュームが少ない場合，

「何を一番聞きたいかがわかっていない」

と判断されてしまいます。

　前提はあくまで前提で，一番聞きたいのは本論ですから，前提である小問1はコンパクトに，**本論である小問2でしっかりと自分の主張を表す**という方針で臨む必要があります。

　以上のことを，しっかりと理解しておいてください。

頻出テーマで見る　書き方のポイント

　では，前項で述べた点に注意しながら，実際に出題された問題に取り組んでみましょう。

　次の問題文を，「ていねいに」読んでみてください。

【設問】　現在我が国においては，急速に少子化が進行し，2005（平成17）年の合計特殊出生率は，1.25と過去最低の水準を更新した。これは，他の先進諸国と比較しても極めて低い水準にあり，また低下の一途をたどっていることが特徴である。

　出生率低下の要因は，「未婚化・晩婚化の進行」と「夫婦出生児数の減少」である。未婚率は男女とも依然上昇傾向にある。また，結婚した夫婦からの出生児数も1990年代以降減少傾向にあり，1960年代生まれ以降の世代では，これまでのように最終的な夫婦出生児数が2人に達しない可能性も考えられる。（「平成18年版厚生労働白書」より抜粋）

　これに関して，①および②の問いに答えなさい。**（国家一般職［大卒］・平成19年度）**

①　このような「未婚化・晩婚化の進行」，「夫婦出生児数の減少」による出生率の低下が続いていることの社会的背景として考えられるものを2つ挙げて説明しなさい。

②　①で挙げた社会的背景のうちの1つについて，このような状況を改善するためにあなたが有効と考える対策を具体的に説明しなさい。

　本問は，比較的なじみのある「少子化」の問題です。これまでも，多くの試験で何度も出題されていて，いわゆる頻出テーマの一つになっています。

問題文の分析と答案構成

1. 問題文の内容分析（何が問われているか）

- 出生率低下の要因については，問題文の中に2つ挙げてあります。ですから，それに添って考えていきます。つまり，**これ以外の要因を考える必要はありません**（長文問題は楽ですね！）。

- 本問は，小問②で「①で挙げた社会的背景のうちの～」と書いてあります。ですから，①と②の記述をリンクさせる問題であることはすぐにわかります。

- 小問①は「社会的背景」，小問②は「改善のための対策」ですから，小問①は小問②を説明するための前提要件になっています。したがって，本問では**小問②に重点を置いて論じる必要があります**。

2. 小問①で論じること

- 論じる事項として，社会的背景を「2つ挙げよ」となっています。問題文には原因が2つ書いてありますから，「それぞれの原因について1つずつ社会的背景を挙げる」という形で論述するようにします。

- 「説明しなさい」となっていますから，説明の文を必ず付けてください。ただし，②に重点を置いて論じる関係上，説明はコンパクトにする必要があります（そうでないと，②に十分なスペースが取れなくなります）。

3. 小問②で論じること

- 「1つ」という指示があるので，必ず「1つ」だけ論じるようにします。2つ以上論じないように注意してください。

- 「①で挙げた社会的背景のうちの1つ」を選択した理由を，簡単でよいので，ちょっと書き添えることができればベターですね。ただ，スペースがなければ無理して書く必要はありません。

- 「具体的に説明しなさい」とは，**「抽象論で終わらせないように」**という意味です。

第3章 論文試験の書き方

203

問題文に「具体的と書いてあるから」といって，**やたらに細かな事例をいくつも並べてくる答案**を見かけることがあります。でも，採点する側としては，「そこだけしか知らないのでは？」という印象を持つことがあります。

　この点は，表現方法について若干技術を要しますから，次の答案で説明しましょう。

·············· 答案例 ··············

小問①について
　まず，「未婚化・晩婚化の進行」の社会的背景としては，女性の高学歴化に伴い社会進出が顕著になってきたこと。それによって「家庭で子供を育てる」ことだけが女性の一生ではないとして，女性の価値観やライフスタイルが変化し，生きがいを出産や育児以外にも求めるようになってきたことが挙げられる。

　ただ，そうはいっても，女性も出産や育児を否定的にとらえているわけではなく，出産や育児に夢をもち，仕事との両立を望んでいるというのが一般的な傾向である。

　次に，「夫婦出生児数の減少」の社会的背景としては，子育てにかかる負担の大きさから，2人目や3人目の子供を欲しいと思っても，それに踏み切れないという状況がある。

　これは，核家族化の極端な進行により，子供の世話をできる家族がおらず母親に過度の負担がかかっていること。また，高等教育（高校・大学など）にかかる費用の増大が，子供を産み育てる世代の大きな不安要因となっていることなどが原因である。

小問②について
　①で述べた要因のうち，女性の社会進出は，女性が自らの可能性を自律的に求め始めたという意味で自然な行動であり，将来の労働力不足が予想される中で，男性とともに社会を支えるという意味で重要と考える。したがって，ここでは後者の子育てにかかる負担について述べる。

　対策としては，子供を欲しいと思っても，それを実現できないでいる

母親の不安を「目に見える形で」取り除くことが何よりも重要である。

そのために，私は次のような方策を提案したい。

まず，子供を安心して預けられる保育体制の整備である。

そのためには，施設の整備というハード面に加え，保育士のスキルアップが何よりも重要である。母親と同じような安心感を子供に与え，母親が安心して子供を預けられるようにするには，優秀な人材を数多く確保する必要があり，保育士の処遇の改善は不可欠である。また，これとともに，その技術向上のために保育士の教育や訓練に公的な支援体制の確立が必要である。

次に，教育費の負担軽減である。

現在，わが国では「受益者負担」という考えのもとに，国公立であっても大学では高額の授業料を徴収している。

しかし，人材の育成にかかる経済的負担を家庭にゆだねて，結果として少子化（将来の人材の減少）を招くのは，あまりにも社会的な損失が大きい。したがって，高等教育の授業料の無料化など，思い切って教育費の負担軽減を図る対策を打ち出して，安心して子供を産み育てられる環境を整備すべきである。

以上は，いずれも大きな財政的負担を伴うものではあるが，少子化の急激な進行がもたらす「将来の国力の低下」という弊害を考慮すると，やはりどうしても必要な負担であると考える。

　この答案は，内容的には，それほど難しいことは書いてないのですが，これだけ本番で書けていれば，相当に高得点が付いているはずです。

　反面からいえば，**何も難しいことを書く必要はない**。**知っている範囲の知識を使い，自分の言葉で説明し，わかりやすい構成，わかりやすい表現**で書けば，かなり高い評価をもらえるということです。

「具体的に説明せよ」とは

　そこで，先にちょっと触れた「具体的に説明しなさい」と指示された場合
の書き方についてご説明しましょう。

　まず，次のルールを覚えてください。

●「具体的に説明せよ」の場合の注意点●

必ず，「抽象→具体」，または「一般→個別」の順で論じる。

　前記の答案も，この形式で記述してあります。

　次の部分がそうです。

　対策としては，子供を欲しいと思っても，それを実現できないでいる
母親の不安を「目に見える形で」取り除くことが何よりも重要である。

　そのために，私は次のような方策を提案したい。

　まず，子供を安心して預けられる保育体制の整備である。

（具体的な説明）

　次に，教育費の負担軽減である。

（具体的な説明）

　この答案は，「一般→個別」を2段階で繰り返しながら論を進めています。

　まず，最初の「一般」は「対策としては，～提案したい。」の部分です。

　つまり，多くの女性が「もともと子供は欲しくない」とか，「子供は1人
でよいと思っている」というのであれば，それは女性の価値観の問題ですか
ら，行政がそこに立ち入ることはできません。

　そうではなく，多くの女性は「できれば，2人目，3人目の子供が欲しい」
と思っている。なのに，それを妨げる外的要因がある。それが不安材料と

なって希望を達成できないでいる。だから,

　「不安材料を取り除くことを政策の基本に据えるべき」

としています。

　そうなると,採点する側としては,

　「ああ,なるほど。ポイントはつかんでいるな」

ということが,**文の冒頭部分ですぐにわかる**わけです。

　また,その次も,提案したい方策についてタイトルをつけてあります。すなわち,「保育体制の整備」と「教育費の負担軽減」です。このタイトルも,「一般」の一種です。

　このようにすれば,読む側としても**その先に何が書いてあるかを事前に予測できますから,楽に読み進むことができます。**

　これに対して,いきなり具体的な(それもかなり細かな)議論を始める答案も数多く見受けられます。たとえば,

第3章 論文試験の書き方

　　対策としては,第一に不妊治療に対する公費助成を考えるべきである。〜(として長々と議論)

　　次に,児童手当の額を現在よりも大幅に増額し,月額○万円程度にする必要があり,また給付年齢も子供が義務教育を終えるまで続けるべきである。

　こういう答案は,読んでいて非常につらい(読みにくい)んです。

　その先に何が書いてあるかわからない。それに,具体例を2つ書いてあったとして,読むほうはこんな疑問が湧いてきます。

　「じゃあ,この2つを実現できたら少子化は解消するのかな?」

　やはり,「有効な対策はこうです」と**スパッと示してくれる一文が最初にあったほうがいい**ですね。一文で示すことになるので,

　「子供を欲しくても実現できないでいる母親の不安を取り除く」

といった,やや抽象的な文章にならざるをえないのですが,こういった形で十分です。

　続く文章で具体例をいくつか挙げておけば,採点者の側は,「いろいろアイデアはあるだろうが,特にこの2つを強調したかったのだな」と

推測してくれます。

　また，最初に「有効な対策はこうです」と書いておけば，それが自分で「具体例を書く場合の指針」になりますから，あまり外れたことを書かないで済むというメリットもあります。

　前の例でいえば，「不妊治療に対する公費助成」も少子化対策の一つではあるのですが，その対象は「不妊に悩むお母さん」に限定されますね。そのため，採点者としては「最初から議論を絞り込みすぎ」と判断してしまいます。

　ところが，「子供を欲しくても実現できないでいる母親の不安を取り除く」という一文を入れておけば，もう少し一般的な対策から論を始めようという考えになりますから，そういった絞り込みすぎの議論はでてこないわけです。

　なお，「未婚化・晩婚化」の要因には，契約社員や派遣社員といった非正規労働者の増大も挙げられます。雇用が安定しないと将来設計ができず，結婚に踏み切れないという状況が社会問題化しています。

　ただ，そのことをここで書くべきかですが，入れ方が難しいですね。ですから，**論の流れが悪くなると思えば，書かなくてもかまいません**。

　少子化対策には，ほかに育児休業制度に対する社会的な啓蒙活動など，さまざまなものがありますが，とにかく，「限られた時間とスペース」で書くわけですから，基本的にはしっかりした見識を持っているということを示してもらえれば，それで十分です。

予想外の問題こそ
基本を大切に！

【設問】　私たちは，好むと好まざるとにかかわらず，日々「お金」と関係しながら暮らしている。

　しかし，「お金」について，我が国では，「人生の幸福は，お金では買えない。」，「子供に対して，早くからお金について教えることはよくない。」，「お金を増やすことばかり考えると，人間は働かなくなる。」などの意見に見られるように，「お金」に関して否定的なイメージでとらえられることが少なくない。他方，「お金」に関することは生活をするうえでの基本的なスキルであり，人前で「お金」の話をすることを恥ずかしいと考えたり，金儲けの話をタブー視する風潮はおかしいとする意見もある。

　また，近年，我が国では，ペイオフの解禁，金融商品・サービスの多様化，ＩＴ化を含めた販売チャンネルの多様化など，金融を取り巻く環境が大きく変化しつつあり，多重債務問題や詐欺犯罪などのようにお金をめぐるトラブルも起きていることから，義務教育などの早い段階においてもお金に関する正しい知識を身につけさせるため，金融教育の必要性が指摘されている。

　これに関して，①および②の問いに答えなさい。**（国家一般職［大卒］・平成20年度）**
①　上記の意見を参考にしつつ，あなたにとって「お金」とは何であるか，また，その「お金」とのかかわり方について論じなさい。
②　金融教育のメリットとデメリットを比較したうえで，金融教育を実施することの是非について論じなさい。

（参考）
　金融教育の内容について一義的に定まったものはないが，たとえば，

以下のようなものが考えられる。（金融広報中央委員会ホームページから抜粋）

- ・生活設計・家計管理に関する分野（資金管理と意思決定，貯蓄の意義と資産運用，生活設計）
- ・経済や金融のしくみに関する分野（お金や金融のはたらき，経済把握，経済変動と経済政策，経済社会の諸課題と政府の役割）
- ・消費生活・金融トラブル防止に関する分野（自立した消費者，金融トラブル・多重債務，健全な金銭観）
- ・キャリア教育に関する分野（働く意義と職業選択，生きる意欲と活力，社会への感謝と貢献）

予想外の出題には考え方の「基本」で

　本問は，「お金」という，論文では従来ほとんど取り上げられることがなかったテーマを扱っています。

　この年に受験した人は驚いたでしょうね。多分，事前の準備ができている人はいなかったでしょうから，試験場ではため息が漏れたかもしれません。

　「えーっ，何を書けばいいの？」

　そんな疑問が出てきますよね。

　そこで，予想外の問題が出題された場合にどうすればいいのか，その対処法をご説明します。

　とにかく，こういう問題では，**基本に忠実に論じていけるか**が合否の分かれ道になります。

　「基本？　基本って何ですか」

　いい質問です。ここで「基本」というのは，前項でご紹介したようなことが一つ。それと，もう一つあります。それは「考え方の基本」です。後ほど詳しくご説明します。

　まず，前者についてご説明しましょう。これは次のようなことです。

問題で要求されたことに添う形で答案構成する

　まず，問題文を見ながら，以下の点を確認してください。

・小問①に，「上記の意見を参考にしつつ」と書いてありますから，**「上記の意見」を必ず参考にします。**

・小問①の構成は，そこに書いてあるとおりにすればよいでしょう。つまり，「私にとって『お金』とは，〜」と書き，それに続けて「お金とのかかわり方について『議論』する」わけです。

　　ここでは，次のことに注意してください。問題文には，「論じる」ことが要求されていますよね。もしも，これが「説明せよ」というのなら簡単な記述でかまいません。でも，論じなさいとなっている以上，**しっかりと論じる必要があります。**

　　小問形式の問題は，後の小問を厚く論じるというのが一般的なパターンですが，本問の場合は，**小問①と②で大体半々くらいのボリューム**をとるのが適当と思われます。

・小問②では，必ず，「金融教育のメリットとデメリットを比較」する必要があります。それを前提に，「金融教育を実施することの是非」を議論します。

　構成はこれで十分。何も難しく考える必要はありません。というより，できるだけ**この順序で書いてほしいのです。**くれぐれも，試験官にウケを狙って「かっこよく書いてやろう」と考え，奇抜な構成をとらないようにしてください。

　採点者が1通の答案にかける時間はせいぜい2〜3分です。奇抜な構成を取っていると，「どうにもよくわからない」となって，かなり印象が悪くなります。また，いろいろアラが見えてきます。答案は，国家一般職［大卒］の場合，1時間で書き上げるものです。時間をかけて何度も推敲を重ねた研究論文などとは異なり，どうしても論理に無理な点や矛盾点が入ってきやすくなります。ですから，**「奇をてらわず，問題文で要求されたとおりに」**書くことが基本です。

第3章　論文試験の書き方

「金融教育」がわからなければ，「教育」に戻る

次に，後者のほう，すなわち「考え方の基本」についてご説明します。
これは，次のようなことです。

●言葉の意味が理解できない場合の対処法●

複数の言葉が組み合わされて難解な言葉になっている

分解してみると，わかる部分がある

わかる部分を手がかりに論を組み立てる

つまり，言葉の意味がわからなければ，**わかるところまで戻ってみよう**ということです。

どういうことかといいますと，「金融教育」から金融を取れば「教育」になります。金融教育も教育の一種ですから，「金融教育」が何かよくわからないという場合でも，「教育」の意味なら理解できるでしょう。とりあえずこれをベースに考えて，あとは，「金融」の特殊性を加えればよいのです。そして，「金融」教育の意味については，問題文の中の「参考」の部分で紹介してありますから，これをフルに活用します。このようにすれば答案の形が整います。

ちょっと，簡単にやってみましょうか。

1．公教育は何のためにするのか

「将来，社会生活を送るうえで必要になる知識」を子供に身につけさせる。

「考える力」を養う。

これらは，いずれも，家庭では教えることが難しいものです。仮にこれら

を教えることのできる親がいたとしても，そうでない親もたくさんいます。子供は，将来の社会を担ってくれる大事な財産です。そうであれば，どの子にも，上記のようなことをしっかり身につけてもらい，人生の壁を乗り越えてほしい。一人一人の人生が豊かになれば，それがひいては豊かな社会を作ることにつながります。

2. 教育に「金融」を付け加える

問題の一番下の「参考」の部分を見てください。適切なものを拾ってみませんか？　それを付け加えれば，答案の形は整いますよ。

まず，「働く意義と職業選択」，「社会への感謝と貢献」などはとても大切ですね。こういった教育，家庭では十分行き届かないという場合もあるでしょうから，公教育でカバーすることは大事ですね。

また，「健全な金銭観」も大切です。

これらに対して，「資産管理」とか「資産運用」はどうでしょうか。子供にとって難しすぎると思われませんか。というよりも，子供には現実味がないですよね。そうなると，「理解できないような知識を教えることで，かえって混乱させる」とか，「金融に対する誤った理解を植えつけることになる」などというデメリットが考えられますね。これで「デメリット」が書けます。

3.「金融教育を実施することの是非」

結論としては，「将来，社会生活を送る上で必要になる知識」を子供に身につけさせる。あるいは，金融トラブルに巻き込まれないように「考える力」を養うという意味では必要だと考えるが，金融に対する誤った理解を植えつけることがないように，対象と教え方を工夫すべきだ，ともってくればよいわけです。

 公務員にふさわしいバランス感覚で

次に，順番は前後しますが，小問①のテーマについて考えてみましょう。

問題は,「お金とは何であるか」というものですが,急にこんなことを聞かれても面食らってしまいます。

　出題者は,その点についてはちゃんと助け舟を出しています。つまり,「上記の意見を参考にしつつ」がそれです。

　では,「上記の意見」をどのように参考にすればよいのでしょうか。その方法をご説明します。

　まず,第1段落と第2段落は,「お金」に関する一般的な考え方です。

　そして,両段落の内容はほぼ同じです。つまり,第一段落では「好むと(肯定的)好まざるとに(否定的)かかわらず,お金と関係しながら暮らしている」となっていて,第2段落では,前段が「否定的なイメージ」,後段が「肯定的な意見」となっています。

　このように,2つの相反するような意見がある。では,どちらが正しいかということになるのですが,ここで次のことに注意してください。

●価値観や意見が対立している場合●

単に一方的にどちらかに偏るような判断はしない。
〔理由〕両者ともに真実の部分を含んでいることが多いから

最終的にどちらか一方の意見をとる場合でも,
他方の意見に対する配慮は必要

　これは,「**全体の奉仕者**」**である公務員としては大切な要素に**なります。意見としては,どちらの側に立ってもよいのですが,やはりそこは公務員試験ですから,「常識はあるのかな?」と採点者が疑問を持つような主張ではなく,「**それなりの見識は持っているな**」**というものにする必要があります**。

　仮に,否定的な立場に立って論じるのであれば,次のような論の展開が一つ参考になるでしょう。

私にとって「お金」とは，生活に必要な財やサービスを賄うための重要な道具であるが，それ自体は生活の手段にすぎず，お金を増やすことが生活の中心的な目的ではない。

　人は社会の中で生きて，また生かされているのであって，他の人とのかかわりなしに生きがいを見出すのは困難である。みずからの仕事が他の人の役に立てば，そこに自分の存在意義や幸福感を見出せる。

　私はこのように考えるので，お金は，その対価として得られ，それで十分に生計を維持できるのであれば，それがもっとも理想的な姿だと思う。

　ただ，現実にはそうはいかないのもまた事実である。したがって，生活に必要な資金を賄うために「金儲け」を考えるという意見にも一理はある。

　しかし，それが行き過ぎた「金儲け」につながり，過熱してお金を増やすことが目的になってしまうなら，本末転倒といわざるをえない。それは，「社会への貢献がその人の存在意義や幸福感と直結している」ことを見失ったためであろう。

　人の生きがいが，本来そうあるべきものと考える以上，私たちは「人が仕事で社会に貢献し，それが正当に評価されてきちんと生計を維持できる」ような社会を作っていかなければならない。

　そのように考えた場合，金銭的な豊かさを追求する昨今の風潮や，それが簡単にできるIT技術の発達を考えると，次の世代を担う子供たちに，早い段階から「働く意義や社会への感謝・貢献」を教えることは必要であると考える。

このように持ってくれば，小問②も自然な形で論を展開できますね。

データが含まれている問題は 必ずデータを分析する

　論文の問題には，文章だけでなく，グラフや表などのデータが含まれているものがあります。今度は，その書き方について考えてみましょう。

【設問】　わが国では，2040年頃には，いわゆる団塊ジュニア世代が高齢者となり，高齢者人口がピークを迎える一方，現役世代が急激に減少する。そこで，2018年10月に設置された「2040年を展望した社会保障・働き方改革本部」の取りまとめにおいて，「健康寿命延伸プラン」が作成され，2016年時点において男性では72.14年，女性では74.79年となっている健康寿命を，2040年までに男女ともに3年以上延伸し，75年以上にすることが目標として掲げられた。なお，健康寿命とは，平均寿命から寝たきりや認知症など介護状態の期間を差し引いた期間である。

　このような状況に関して，以下の図①，②，③を参考にしながら，次の（1），（2）の問いに答えなさい。**（国家一般職[大卒]・令和2年度）**

（1）わが国が健康寿命の延伸に取り組む必要性について，あなたの考えを述べなさい。

（2）健康寿命の延伸を阻害する要因は何か，また，健康寿命を延伸するために国としてどのような取組が必要となるか。あなたの考えを具体的に述べなさい。

図①　健康寿命と平均寿命の推移

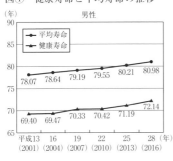

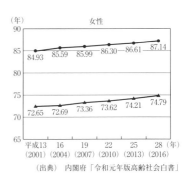

（出典）内閣府「令和元年版高齢社会白書」

図② あなたは，何歳頃まで収入を伴う仕事をしたいですか（2014年）

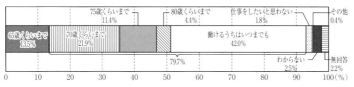

（注） 調査対象は，全国60歳以上の男女で現在仕事をしている者

（出典） 内閣府「令和元年版高齢社会白書」を基に作成

図③ 65歳以上の要介護者等の介護が必要となった主な原因（2016年）

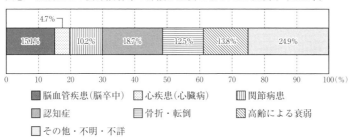

脳血管疾患(脳卒中)　心疾患(心臓病)　関節病患
認知症　骨折・転倒　高齢による衰弱
その他・不明・不詳

（出典） 内閣府「令和元年版高齢社会白書」を基に作成

グラフを読み取ってヒントを探す

　本問には，特徴的なものが一つあります。それは，**グラフが入っていること**です。

　では，出題者はなぜグラフを入れているのでしょうか。

　その理由は，

「データを分析して欲しい」

と思っているからなんです。

　公務員にとって，**統計を取ったりその内容を分析したりすることは重要な仕事**の一つです。統計は，それまで分からなかった問題点を浮かび上がらせてくれます。また，どのような対策を講じるべきか，その効果的な方法も，統計の中にヒントが隠れていることが多いのです。

　そこで本問のデータを分析してみましょう。

まずは，データから何を読み取ってほしいかが，問題本文に書かれているので，問題本文のほうから考察を始めます。

〈問題本文の考察〉
小問（1）は，「わが国が健康寿命の延伸に取り組む必要性について，あなたの考えを述べなさい」となっている。

ということは，「わが国では健康寿命の延伸に取り組む必要性」があるということだ。

では，健康寿命とは何か。

問題文によれば，「健康寿命とは，平均寿命から寝たきりや認知症など介護状態の期間を差し引いた期間」とされている。
わが国では，これを延伸する必要があるということだが，なぜか？

そこで，図①と図②を見てみましょう。

小問（2）では，「健康寿命の延伸を阻害する要因」が問題となっていますが，それは主に図③のデータをもとに考えることですから，小問（1）では，図①と図②を考察します。

以下のようなことが導き出せるはずです（**わかることはすべて書き出すようにしてください**。視覚的に確認することは大切です）。

〈図①・②の考察〉
図①
・男性も女性も平均寿命が延びている。
・男性も女性も，平均寿命と健康寿命の差は縮まっていない。
・男性は８〜９年，女性では12〜13年というかなりの長期にわたって「寝たきりや認知症などの介護状態」が続いている。
図②
・できるだけ長く働きたいという高齢者の割合が高い。

- 「～～」の印にも注意。最低でも70歳までは働きたいという高齢者が全体の約8割を占めている。これは極めて高い比率である。

そこで，これを前提に，小問(1)を考えてみましょう。

自信をもって推論してよい

　問題中に示された資料を分析する場合，当たっているかどうかの自信がなくても，「グラフを分析したらこうではないか」という主張は，ぜひ行ってください。

●データの分析での注意点●

当たっているかどうかを気にする必要はない
推論として成り立てば「分析」として評価される

　実際，官公庁おいても，「データから何を読み取るか」や，「その数値をどう解釈するか」について，分析者によって見解が分かれることはよくあります。ですから，結果として当たってなくてもかまいません。まったくトンチンカンな分析では困りますが，**一応可能性のある推論ならば，採点者は「なかなかやるじゃないか」と思ってしまいます。**
　グラフを出す場合，出題者はきちんと分析しているかどうかは，しっかり見ていますから，そこは十分に配慮してください。

　まず，図①のグラフの最初（平成13年）と最後（平成28年）の15年の間に状況の変化がないのであれば，「延伸に取り組む必要性」などという，せっぱ詰まったような言い方はしないはずです。ということは，この15年の間に何か状況の変化があったのだろうと推論してみます。

そこで，問題本文を見ると，「2040年頃には・・・高齢者人口がピークを迎える一方，現役世代が急激に減少する」と書いてあります。

これらをもとに，自分なりに分析してみましょう。次は一例です。

〈分析①〉

・高齢者人口がピークになる一方で，それを支える現役世代は急減する。

・平均寿命と健康寿命の差は15年間縮まっていない。

母数（高齢者人口）が増える分，要介護者の絶対数は増加する。

医療保険・介護保険の費用はさらに増加。急減した現役世代の負担が増大。医療・介護保険制度が崩壊の危機。回避には健康寿命の延伸が不可欠

〈分析②〉

・平均寿命は年々伸び続けている。

伸長した寿命を支えるための生活費が必要。そこで，平均寿命が男女ともに80歳を超える中では，「働けるまで働く」という選択をせざるを得ない。

働くためには健康寿命を延ばすことが不可欠

これら以外にも，もう一つ大きな要素が考えられます。

それは，「**健康で長生きしてこそ人生を楽しむことができる**」という人生の本質的なテーマです。平均寿命が伸びていることから，これもデータから読み取れるとして，論述に加えてよいでしょう。

ここまで説明してきたことは，**すべて問題本文や図から導かれる**ことです。つまり，何も特殊な知識が必要なわけではありません。自分の知識をひけらかしてデータをないがしろにするよりも，**正面からしっかりとデータを分析し，問題文をヒントにして分析していく**という態度のほうが好感を持たれます。

　ということは，仮に，事前に準備していなかった問題が出されたとしても，素直な気持ちで問題に向き合えば，十分に評価される論文は書けるということです。

　以上，小問(1)の必要性については，上記のようなことを述べておけばよいので，今度は，今度は小問(2)と図③について分析してみましょう。

　ここでは，阻害要因が訊かれています。これにはいろんなものが考えられますが，本小問の場合，図③を参考にした「健康上の要因」に絞って書いて構いません。つまり，図③以外の阻害要因に触れる必要はありません。なぜなら，出題者としては図③をベースに書いてほしいからこの図を挙げているはずですし，論述の中心は「阻害要因」のほうではなく，「阻害要因を取り除いて健康寿命を延伸するにはどのような取り組みが必要か」のほうにあると思われるからです。小問(2)に，**「具体的に述べなさい」とあるのは，「ここをしっかりと論じてほしい**ということの表れです（ですから，図③以外の要因を長々と論じている余裕はありません）。

　そこで，図③を分析してみましょう。

　ここでは，脳血管疾患と心疾患が最初に挙げてあって，これが全体の2割を占めています。教養試験の知識で，この2つはいずれも生活習慣病に分類されていることは知っていると思います。

　また，骨折・転倒や関節疾患が若い世代であまり聞かれないことを考えれば，これらは運動不足や栄養不足による筋肉の衰えが大きな要因ではないかと想像することができます。ということは，これらも，生活習慣の改善（運動の促進や食事の改善）によってある程度抑制することが可能なはずです。

第3章　論文試験の書き方

221

そして，これらの要因を合わせると，約4割を超えますから，生活習慣の改善への取り組みが奏功すれば，平均寿命と健康寿命の差をグッと縮めることはできるはずです。

 ## 奇抜なアイデアは不要。通常思いつくような対策で十分

そこで，具体的な取り組みです。

問題文に「取り組みを具体的に述べよ」などとあると，勢い，「何かきらりと光るものを書かなければ」と思うかもしれませんが，そんな必要はありません。学術論文などとは違い，あくまで受験生の答案ですから，**メディアなどでよく目にするような対策を，自分なりの表現で書いておけば十分**です。いくつか例を挙げてみましょう。

〈国の取り組み〉
・生きがい創生（働く意欲のある高齢者に働く場を提供する）…定年延長や定年廃止に向けた法制度のさらなる充実，企業への啓もう活動や高齢者雇用に積極的な雇用主への補助金の支給等
・運動不足解消…公民館や市民センターなどで地域の高齢者を対象とした「体を動かす活動」をより積極的に行うように，自治体を支援する
・食生活の改善…特定健診受診後の保健指導の充実に向けて，メタボリック症候群のリスクに対する啓もう活動を強化
・高齢者予備軍である中高年世代へのアプローチ…健診等を通じたメタボ対策の充実，生活習慣病のリスクへの啓もう活動

本問では，こういったことを書いておけばよいと思います。

一行問題の書き方の基本

　さて，ここからは，いわゆる「一行問題」に移ります。

　一行問題は，問題文がシンプルなので，いろんな答案の書き方ができるように思われがちです。それだけに，なおのこと基本に忠実に答案を作成していく必要があります。

　すなわち，次のようなことです。

●一行問題の書き方の基本ルール●

一行問題でも，問題文を最大限活用する

問題文を使えるものは，
できるだけその問題文に添って答案構成をする

 そうすれば…

問題に答えるという姿勢を崩さなくて済む

　本章の冒頭部分でご紹介した「○△市の抱える課題とその解決策について述べなさい」などという設問はその典型ですね。

　志望する自治体についていろいろ調べていくと，いくつか課題が見えてくるはずです。

　その場合，**まずその課題を指摘して，次にその解決策を書く**という構成をとればよいのです。そうすれば，問題文から外れずに済みますし，「問題に答える」という基本的な姿勢も自然に作ることができます。

　一方，たとえば「広域自治体と基礎自治体の役割分担」（宮城県・平成20年度）といった問題のように，問題文から直接に答案の構成方法を導くのは困難という場合でも，**問題文の中の言葉を十分に活用する**ことで，問題に添った構成を導くことは可能です。

　この問題であれば，広域自治体と基礎自治体がそれぞれどんな役割を担っ

ているのかを正確に表現できれば，そこから役割分担も見えてくるはずです。

 ## 出題の意図がわかりにくい場合

　社会情勢や官公庁の業務内容以外の分野での出題が増えてきています。具体的には，体験や心の問題を問うものがそれですが，問題文が抽象的なために，**何を書いてよいのか迷ってしまいます。**

　たとえば，次のような問題です。

> 【設問】　これまでで最もつらかったことと，それをどのようにして乗り
> 越えたか。**（京都市・平成20年度）**

　出題者は，このような問題で何を聞きたいかといいますと，次のようなことです。

---

①つらかったことであっても，自分が精神的に成長するきっかけ（貴重
　な体験）として肯定的に受け止めているか。
　→「ものごとを前向きにとらえられる人物かどうか」を見る
②つらい出来事が起こった原因が仮に自分にあるとするなら，自分のど
　の点が不十分だったのか。それをきちんと認識できているか。
　→「自らを客観的に見つめる冷静な目」を持っているか，また，「しっ
　　かりと自省する謙虚な姿勢」を持っているかどうかを見る
③つらい出来事でも乗り越えられる前向きな姿勢を持っているか。
　→つらい出来事を克服できる精神力と乗り越える知恵を見る。
④つらい出来事を乗り越えたという体験を，**今後の社会生活にどう生か**
　すことができるか。

---

　④については問題文からは導き出すことができません。ただ，論述を，

「つらかったことを乗り越えた」という自分自身の精神的な成長だけにとどめずに，「つらい体験をした（している）人に手を差し伸べられる」とか，「相手の立場を思いやる気持ちと，どんなサポートができるかを考える気持ち」などを表現しておくと，**評価はぐっと高くなります。**

　本問は京都市の問題ですが，最近は自然災害や児童虐待など，さまざまな場面で自治体が住民の心のケアを担当するような場面が増えてきています。また，宮崎の口蹄疫の問題からもわかるように，畜産農家の再建は，行政による生活支援と心のケアの両方が必要とされます。同様のことは，「非常時」への対応だけでなく，働きたいが子どもを預けられないで困っている母親への子育て支援など，日常的な問題でも発生してきます。

　そのいずれもが，相手の苦しい立場を理解し，親身になって対応することが求められる問題です。このような問題でも，「相手の苦しい立場を理解し，親身になって対応する」ということになると，

　「法的な制約や財政面の制約など，さまざまな制約があるので自治体としては**ここまでしかできない**」

ではなく，

　「さまざまな制約がある中で，住民が安心して生活をできるような支援体制を，**どうすれば構築できるか**」

を考える必要があるでしょう。

　「つらい体験を乗り越えたことで，壁を克服する精神力と知恵を得られた」ならば，後者のような対応ができるはずです。

　また，最近では父子家庭の困窮する状況がメディアでもとりあげられるようになってきましたが，この問題についても，父親の側からは，「父親なら経済力もあるから支援は要らないという型どおりの判断をされて，問題が放置されてしまっている」という声が強くなっています。

　「自らのつらい出来事が他の人に理解されなかった」という経験があれば，それをこのような場面で生かすことができるでしょう。

　上記のいずれも，これからの自治体職員にとって，**住民サービスの向上を図るうえで重要な要素**になってきます。そのため，本問のような

問題は今後ますます増えてくることが予想されます。

　ところが，実際に答案を見ていると，④の点が問題文から導けないために，**掘り下げが浅い答案が目立ちます。**

　また，体験についても，大学受験，アルバイト，部活動などパターン化されてしまって，似たような答案がずらっと並びます。たとえば，「アルバイトで客への対応に失敗し，責任者から叱責されたことがつらかった」とか，「部活動で上級生と下級生が対立し，部の責任者として板ばさみになってつらかった」などということです。

　確かに，本当につらい出来事といったものは，どちらかというと早く忘れてしまいたいというのが実情でしょうから，突然本問のような問題が出題された場合には，「つらい出来事といっても，これといって思いつかない」ということも多いでしょう。

　その場合には，アルバイトでも部活動でもかまいませんが，**通り一遍のことをただ書くのではなく，**もう少し掘り下げて論じることが必要になってきます。

　アルバイトの例でいうなら，「どう乗り越えたか」の点について，

　「客の立場に立って対応しなければならないことを学んだ。そうやって工夫していると，客から褒められることが増えてきた。それ以降は，客のニーズを積極的に把握しようと努めた」

といった事実の流れを淡々と書くのではなく，

　「自分がいかに相手の立場に立って考えていなかったか」とか，「なぜ責任者から叱られなければならなかったか」といった点を深く洞察しているような論述が欲しいのです。

　言葉を換えれば，「この受験者はここで大きく精神的に成長した。そうであれば，**次にまた困難に突き当たっても，**さらに精神的に成長していくだろう。そうなれば，相手の苦しい立場を理解し，親身になって対応できるような行政官に育っていってくれるかもしれない」というような**期待を抱かせる答案**にしてほしいのです。

　前述のように，この種の問題は今後増えることが予想されます。とても書きにくい問題なので，その対策としては，

①**出題意図を正確に把握しておく。**特に,「つらい出来事を乗り越えたという体験を,今後の社会生活にどう生かすことができるか」という点については,はっきりと意識しておく。

②実際に答案を書いてみて,しばらく**時間が経ってから読み返してみ**る。そこで「深みがない」と判断すれば,表現を工夫してみる。

といったことが必要になるでしょう。

一行問題の頻出テーマ

　ここからは，頻出テーマを選び，実際の出題例を参考にしながら個別の
テーマごとにポイントを整理しておきましょう。

地方分権

【設問】　**地方分権について（兵庫県・平成19年度）**

---

1. なぜ今頃地方分権なのか

　大きな理由の一つに，**自治体が力をつけてきた**という点があります。

　地方自治は，新憲法の下で新たに導入された制度です。そのため，初期の
頃は，各自治体が自治行政についてのノウハウに乏しく，国の後見的関与が
強く認められていました。

　しかし，現在では自治体に経験が蓄積され，また体制も整備されてきまし
た。あとは国からの権限移譲を待つばかりになっています。

2. なぜ地方分権が必要なのか

　地域に応じた行政サービスの展開が強く求められるようになってきたこと
が，最大の理由になっています。

　一昔前に比べて，行政の果たす役割は質量ともに大きく変わってきました。

　これを道路行政にたとえて表現すれば，昔は「まず全国幹線道路網を作ら
なければならない」という状態でしたから，

　　①国が統一的にプランを作るのに適していた

　　②能力的には国で十分だった

という状態でした。

　ところが，ひととおり「全国幹線道路網」が整備され，あとは地域の実情
に応じて必要な道路を造るということになると，

①どこにどんな道路が必要かは，地域的な事情を考慮しながら造る必要がある。

②そのような判断を中央政府が一元管理することは，すでに中央政府の能力の限界を超えている。したがって，地域の実情を知る自治体が行うのが妥当である。

というように変化してきたわけです。

3. 地方分権の課題① 「財源」

　自治体が責任を持って行政活動を行おうとする場合，そこでは必ず「財源をいかに確保するか」という問題に突き当たります。

　そのため，地方分権の中で，「財源も地方に移すべきだ」という主張が強くなっています。もちろんそれは重要なことですが，論文の中では，ただ単に「地方に財源を移せばそれで済む」といった類の主張をしないように注意してください。なぜなら，単純に既存の財源を移譲するという場合，行政活動に必要な財源を確保できない自治体が出てくるからです。

　たとえば，山間部にある自治体で，これといった産業もなく，限界集落を多く抱えて過疎が深刻化しているというような場合，主要な財源は住民税や固定資産税になりますが，それだけで行政活動に必要な原資を賄うことは不可能です。憲法が「すべて国民は，健康で文化的な最低限度の生活を営む権利を有する」と規定している以上（憲法25条1項），やはり最低限の住民サービスについては，自治体がそれを確保できる方策を国が責任を持って考える必要があります。

　そういう意味で，「国が徴収してそれを地方に配分する税」という形は残さざるをえないと思われます。したがって，「法律でより公平な配分基準を考える必要がある」といった趣旨で論を展開するのが妥当でしょう。

4. 地方分権の課題② 「行政サービスの地域間格差」

　いろいろな行政サービスの中でも，特に医療，教育，介護などの分野は巨額の原資を必要としますから，大都市などのように財源確保が可能な自治体とそれが困難な小規模自治体では，行政サービスに地域間格差が生じます。

　これを解消する方策の一つとして，自治体間の連携が重要になってきま

す。これまでも，複数の自治体が共同で学校や消防署を造るといったことは行われてきましたが（地方公共団体の組合，地方自治法284条），これからは一層の連携が必要になってくるでしょう。その場合の費用分担の問題も，重要な課題になってきます。

住民参加

【設問】　社会状況が変化し，価値観が多様化する中，さまざまな地域課題の解決には住民との協働が不可欠となっています。こうした状況において，特別区はどのように住民参加の仕組みを構築し，住民との協働を進めていくべきか，あなたの考えを論じなさい。**（特別区・平成19年度）**

1．なぜ住民参加が必要なのか

この問題に対しては，2つの視点が重要です。

一つは，住民参加によって行政がその中から住民のニーズを汲み取れるという点です。きめ細かな行政サービスを展開していくには，まず，住民がどのような要望を持っているかを把握することは不可欠です。

もう一つは，というよりもこちらのほうが重要なのですが，**地域の問題について住民に責任を持たせる**ということです。

たとえば，ごみの減量化という問題一つをとってみても，「行政がなんとかしてくれるだろう」という安易な姿勢のままでは，いつまでたっても問題の解決には至りません。財源問題やごみ問題など，さまざまな場面で自治体が深刻な状況に陥っていることを住民に理解してもらうには，行政過程に住民を参加させて実情を認識してもらうことが重要になってきます。

これと関連することですが，住民が行政に参加することを通じて，行政に対する監視の役割を果たすこともできます。不必要な支出が行われていないかどうかのチェックなども，住民参加の効果として期待できることの一つです。

2. 住民参加の仕組み

　責任の主体はあくまで行政ですから，住民参加といっても，どこまでの参加を認めるかについて，その限度を設定しておくがあります。

　上記の目的を実現できる範囲で，かつ行政の責任転嫁を認めないような制度が必要です。

〔答案例〕

　　まず，そもそもなぜ，行政過程において住民参加が必要なのだろうか。

　　それは，現代のように行政ニーズが多様化・複雑化している社会情勢の下で，それに対応しながら施策を進めていくためには，住民の参加がどうしても必要になるからである。

　　そこで，どのような場面で必要になり，どのような協働が効果的なのかを考えてみたい。

　　まず，政策の立案過程では，住民が行政に対してどのようなことを求めているかを汲み取ることが重要である。その手段としてパブリックコメント制度がある。集まった意見の中から，行政が必要と判断したことが住民にとって必要でなかったり，またその逆のパターンが見出せる場合もあろう。限られた財政の中で，真に必要とされる行政ニーズに財源を振り向けるには効果的な方法であると考える。

　　政策の実施過程でも，住民の協力が必要な事項は増加してきている。ごみの減量化や地球温暖化対策などは，行政のみが単独で解決できる問題ではない。そこでは，住民の協力が不可欠である。それゆえ，住民が現状を認識し，それを具体的な行動に移してもらうために，行政はより効果的な方法を考えなければならない。

　　また，同じく政策の実施過程で，行政経費の節約の観点から住民の協力が必要な場合も生じている。人口が少ない小規模な自治体では，住民のコミュニティがしっかりと形成されている場合が多く，そのような自治体では河川の清掃や草刈りなどに住民の協力を得て経費を節約しているところも多い（なお，行政から提供された材料で道路補修を行うなど

第3章　論文試験の書き方

231

で，財政黒字を維持している自治体すら存在する）。財政事情が厳しくなっている中で，住民のこのような協力は，今後一層必要になってこよう。そのためにも，広報を通じて財政事情を明らかにし，政策の優先順位を理解してもらい，可能な範囲で住民の協力を仰ぐといったことは重要であると考える。

　最後に，政策の評価過程でも，立案や実施に住民が参加していることで，政策のチェックや監視機能をより的確に果たすことが可能になる。

　このように，行政過程への住民参加によって，「自分たちが協力して住みよい街にする」という自覚が生まれてくれば，暮らしやすい街づくりの実現に向けて，住民と行政が一体となって取り組むことができるようになると考える。

 ## 少子化

　少子化については，長文設問の解説の部分でも取り上げていますが，ここでもう一度知識を整理しておきましょう。

【設問】　少子化社会における問題点を挙げ，活力ある社会にするための方策を論ぜよ。（静岡県・平成20年度）

1．何が問題か

　将来，社会の担い手となる人材が不足するという点が一番の問題とされています。

　これ以外にも，生徒数の減少によって私立学校の経営が困難になるとか，出産数の減少による産科病院の減少が出産環境を悪化させるなど，さまざまな問題点が指摘されています。ただ，議論の中心は「将来の労働力不足」という点に置くべきでしょう。

　将来の労働力不足を補うには，女性にともに社会を支えてもらう方法と，外国人労働者の受け入れの2つが考えられますが，まずは前者の方策を中心に論じるべきです。

2. 少子化の要因と対策① 「育児に対する労力的負担」

　育児に対する負担という点では，まだ子供を持っていない夫婦の場合よりも，すでに1人子供を持った夫婦の場合のほうが受け止め方は深刻です。
　実感としてわかるので，
　「1人でも託児所などの預入施設がなくて苦労しているのに，とても次の子供は産めない」
という仕事を持つお母さんに対する支援が急務になっています。

　この場合，単純に「仕事をやめて育児に専念すればよい」などという対策では問題の解決はできません。なぜなら，先述したように，労働力不足の解消のために，社会として女性の力が不可欠だからです。したがって，女性が仕事と育児を両立できるような方策を考える必要があります。

　まず，現実的に必要なのは待機児童の解消ですが，答案ではもっと大胆に対策を打ち出してよいと思います。

　たとえば，「働くお母さんが安心して子供を預けられる」，「幼児期は子供が感受性をはぐくむ大切な時期」などの点を考えると，「思い切って保育所の充実に予算を振り向ける」「保育士の大幅な待遇改善を図り，有能な人材が集まる魅力ある仕事にする」「スキルアップを図るために，資格取得の要件を厳格にしたり，研修を充実させる」などといった対策が考えられます。

3. 少子化の要因と対策② 「子育てに対する経済的負担」

　これは，子供を持とうとするお母さんが「将来」に不安を感じることです。
　わが国においては，育児は家庭の責任という風潮が強いのが現状ですが，そうなると，どうしても家庭の経済力による教育格差の問題が出てきます。この問題は，「十分に教育費を確保できるか」という点で親にとって大きな不安材料であるとともに，社会にとっても家庭の経済力が原因で，子供の能力を十分に引き出せず，有能な人材を育てられないというマイナスの効果をもたらします。

　北欧などでは，「次の世代を育成するのは社会の責任」という考えの下に，高等教育の無償化など，社会全体で育てるという施策が充実していますから，これを一つの参考にして考えてみてください。

4. 父親の役割，職場の役割

少子化の対策としては，家庭の中でのお父さんの役割が重要になってきます。家事・育児の分担によってお母さんにかかる負担を軽減した場合，出生率の改善が図られることは，すでに海外の先進国で実証済みです。

その手段としては，次のようなものが考えられます。

①高校・大学での教育…思考が柔軟な若い世代に，父母がともに子育てに責任を負い，負担も分担することの重要性について教育する。
②育児休業制度の充実…近年の法改正により，育児休業制度が充実してきました。
③職場の体制作り…育児休業の取得を可能にするような職場の体制作りが必要です。職場内での理解が進まないと，せっかくの制度が利用されないままムダになってしまいます。

 これからの公務員の役割

【設問】
・「今後求められる市職員の能力」について，あなたの考えを述べなさい。**（東京都西東京市・平成20年度）**
・今の時代に求められる地方公務員像**（三重県名張市・平成20年度）**
・地域社会における市職員の役割とは**（和歌山県田辺市・平成20年度）**

---

1. 一般論と具体例に分けて書く

本問は，極めて抽象的な問いですから，まず一般論を書いて，その次に一般論と連携する形で具体例を書くという構成をとるのが無難でしょう。

2. 求められる公務員像

一般論としては，単に仕事をこなしていくというのではなく，「地域が抱える諸問題の解決に積極的に取り組む」ような姿勢が求められるなどのこと

を書いておく必要があります。

　ここで注意すべきは、「では、今までの公務員は、単に仕事をこなしているだけか」という反発を受けないようにすることです。そのためには、どこかで、「時代の状況が以前とは明らかに違ってきている」ということを表現しておかなければなりません。

　以前は、たとえば地方分権の道路行政の部分でご説明したように、自治体の役割は現在よりもずっと小さなものでしたし、また、自治体が力をつけるために、「自治行政のノウハウを蓄積する」ことが先決でしたから、まずは与えられた仕事を正確に処理することに重点が置かれたのも、やむをえないことでした。

　しかし、地方分権が今後進んでいって、自治体がその責任でプランを作成し、実施していくということになると、それに適応できるだけの能力を磨いていかなければなりません。それは、新人の職員だけでなく、既存の職員の場合も同じです。そういう意味で、新しい時代に入り、新しい公務員像が求められるようになってきているというふうに表現しておく必要があります。

3. 具体例を挙げる

　では、「地域の問題に積極的に取り組む」とは、具体的にどういうことかという視点で、その地域が抱える問題への対処などを例として挙げておきます。

　いくつか標準的なものを挙げておきますので、これを参考に考えてみてください。

①農業支援

　農業は、後継者不足、高齢化、十分な収益を上げられないといったさまざまな問題を抱えています。

　しかし、輸入農産物の農薬汚染などの問題に見られるように、食の安全を確保するには、国内の農業振興が不可欠です。

　そこで、行政の役割が重要になってきます。たとえば、収益力のある農業経営のための情報収集と伝達、若い営農希望者の発掘と技術指導、農業経営が軌道に乗るまでの生活援助などは、行政が最も得意とする分野といえます。

②財源の確保

　これからの自治体には，知恵を絞って多様な財源を確保する方策が求められてきています。

　たとえば，公共施設の命名権（ネーミングライツ）などはその例です。

　山間部では，間伐材を使ったバイオマス発電事業に乗り出しているところもあります。間伐材は，量が豊富で安定供給も可能な資源ですから，取り組み方次第で有望な財源になる可能性があります。

　実際，オーストリアのギュッシングでは，バイオ燃料などを利用した村の再生が図られ，人口が増加するなどの大きな効果が現れています。

③観光開発など

　観光産業は，地域経済に波及効果の大きい有望な産業です。

　観光開発に限らず，自治体が地域の活性化のために果たす役割はますます大きくなってきています。

論文の技術を
　　面接カードに活かそう

　これまで論文の書き方を説明してきました。その中で一番中核になるポイントは，「聞かれていることに答える」です。

　面接カードも同様で，ただ問いが具体的に書かれていないだけで，本当はその中に「この仕事に情熱はありますか？」「長くキャリアを積み上げていく決意はありますか？」という問いが隠されています。

　そこで，いくつかの志望動機の記述例を比較しながら，この問いにどのように答えていくかを探してみましょう。

「情熱」と「キャリアを積み上げていく決意」をアピールする

【国家一般職（農林水産省）の例】

> 　国民生活の最重要基盤である「食」が，自給率や耕作放棄地など様々な危機を迎える中で，六次産業化や食品ロス対策など，安全で豊かな食の確保を通じて国民生活を守り抜くという懸命な努力を積み重ねておられる農水省の姿勢には，感動を覚えました。使命感に溢れ，情熱をもって職務に取り組んでおられる方々の中にぜひ参画し，日本の「食」を守る役割の一端を担いたいと思い志望しました。

〔コメント〕情熱は感じられます。後は，「自己ＰＲ」と組み合わせて，自分が農林水産省の職にマッチしていること，この職場でキャリアアップを図りたいと希望していることを説得的に説明できるかがカギになります。

【国家専門職（国税専門官）の例】

> 　社会の格差が拡大傾向にある中で，適正な徴税がなされれば，格差に対する不満を和らげることができると考え，国税専門官を志望しまし

た。脱税が見逃されると，「ズルができる」，「ズルをした者勝ち」とい

う風潮が蔓延し，社会の不満を招いて，不安定化につながると思いま

す。日本の財政基盤を支え，社会の安定化に寄与したいです。

〔コメント〕志望動機はノーマルで，「熱意」や「長くキャリアを積む決意」
は，この志望動機からでは印象が薄いようです。できれば，インパクトのあ
る「売り」を一つか二つ入れたいところです。

【裁判所事務官の例】

　法学部での勉学を進めていく中で，裁判が国民にとって身近な存在に

なっていないことを実感するようになり，それを改善したいという思い

で，新卒の時に一度受験しました。やむなく新聞社に就職しましたが，

取材などで裁判に接するたびに思いは募り，自分の思いに抗しきれずに

辞職し，事務官を目指すことを決意しました。裁判を国民にとって身近

なものに感じてもらえるように頑張っていきたいと思っています。

〔コメント〕人生の夢を裁判所事務官にかけたいという思いが伝わってきま
す。「情熱」も「長くキャリアを積む決意」も感じ取れて高評価です。

【東京都 I 類Bの例】

　東京都の情報発信力に大きな可能性と魅力を感じたからです。それを

活用して，観光，貿易，文化等，いろいろな方法で日本の経済振興を図

り，各自治体に情報を発信したいと考えています。また，国際的に知名

度の高い「東京」の動きには，常に世界が注目しています。震災対策，

秋葉系などファッションやアニメ等の文化，巨大都市ならではの水処理

問題等々，世界の都市が参考にするものばかりです。そこに参画して，

成果を得て世界に情報を発信し，日本の技術力や文化をアピールし，産

業振興につなげたいと考え，志望しました。

〔コメント〕「情熱」を感じられます。「長くキャリアを積む決意」も，印象として読み取れます。これだけ表現できれば，それなりの評価は得られるはずです。

【県職員の例】

> 　豊かな自然に恵まれ，大きく発展する可能性を秘めた本県の行政に参画したいと思って志望しました。海外でのボランティア活動を通じて，子どもの頃から慣れ親しんで当り前だった本県の自然や人々の営みがいかに貴重なものであるかを改めて感じ，大学では県政の発展に貢献したい思いから，地域行政のゼミを専攻しました。ゼミ活動での県庁訪問や県の広報動画などでの県職員の方々の未来作りへの熱い想いを感じるたびに志望の気持ちは強くなり，その一員に加わって全力を尽くしたいと考えています。

〔コメント〕まっしぐらに県職員を志望していることが伝わってくるので，「熱意」も「長くキャリアを積む決意」も感じ取れて高評価です。

 ## 「相手の求めるものに答える」が，最終合格のカギ

　面接は，基本的に面接カードをベースに進んでいきますから，面接カード，特に志望動機でいかに相手の求めること（問い）に正面から答えるか，それを日頃から時間をかけてしっかりと練り上げていってください。

　面接前に急ごしらえで書いた志望動機は内容が浅く，反対に，長く時間をかけて練り上げた志望動機は，必ず相手の気持ちに響くものになっているはずです。

　もちろん，志望動機だけが評価の対象ではありませんが，大事な出発点であることは確かです。ですから，一次対策と並行して，早い段階から，受験する可能性のある官庁をピックアップして，志望する理由を，自分の中で説得力のあるものに高める努力を積み上げていってください。

<＜編著者紹介＞

鶴田 秀樹（つるた ひでき）
　20年にわたって公務員試験の問題集やテキストの執筆を行い，今では公務員試験受験者のマストアイテムとなった「新スーパー過去問ゼミ」シリーズや「集中講義」シリーズの執筆に当初から携わっている。
　そのほか，大学での公務員講座の講師や，自治体の採用試験における論文採点にも従事してきた。

2026年度版
公務員試験　独学で合格する人の勉強法

2024年 6 月20日　　初版第 1 刷発行　　　　　　　　　＜検印省略＞

編 著 者	鶴田秀樹	カバーデザイン	小谷野まさを
発 行 者	淺井　亨	DTP組版	(株)森の印刷屋
発 行 所	株式会社　実務教育出版	イラスト	門川洋子
	〒163-8671　東京都新宿区新宿1-1-12		
	振替　00160-0-78270		
	☎編集　03-3355-1812　販売　03-3355-1951		
印　　刷	壮光舎印刷		
製　　本	東京美術紙工		

[公務員受験BOOKS]

実務教育出版では、公務員試験の基礎固めから実戦演習にまで役に立つさまざまな入門書や問題集をご用意しています。

過去問を徹底分析して出題ポイントをピックアップするとともに、すばやく正確に解くためのテクニックを伝授します。あなたの学習計画に適した書籍を、ぜひご活用ください。

なお、各書籍の詳細については、弊社のブックスサイトをご覧ください。

https://www.jitsumu.co.jp

人気試験の入門書

何から始めたらよいのかわからない人でも、どんな試験が行われるのか、どんな問題が出るのか、どんな学習が有効なのかが1冊でわかる入門ガイドです。「過去問模試」は実際に出題された過去問でつくられているので、時間を計って解けば公務員試験をリアルに体験できます。

★「公務員試験早わかりブック」シリーズ [年度版]※●資格試験研究会編

地方上級試験 早わかりブック	**市役所試験** 早わかりブック
警察官試験 早わかりブック	**消防官試験** 早わかりブック
社会人が受けられる**公務員試験** 早わかりブック	**高校卒**で受けられる**公務員試験** 早わかりブック [国家一般職(高卒)・地方初級・市役所初級等]
公務員試験で出る **SPI・SCOA** 早わかり問題集 ※本書のみ非年度版 定価1430円	公務員試験 **職務基礎力試験 BEST** 早わかり予想問題集

過去問正文化問題集

問題にダイレクトに書き込みを加え、誤りの部分を赤字で直して正しい文にする「正文化」という勉強法をサポートする問題集です。完全な見開き展開で書き込みスペースも豊富なので、学習の能率アップが図れます。さらに赤字が消えるセルシートを使えば、問題演習もバッチリ!

★上・中級公務員試験「過去問ダイレクトナビ」シリーズ

過去問ダイレクトナビ **政治・経済** 資格試験研究会編●定価1430円	過去問ダイレクトナビ **日本史** 資格試験研究会編●定価1430円
過去問ダイレクトナビ **世界史** 資格試験研究会編●定価1430円	過去問ダイレクトナビ **地理** 資格試験研究会編●定価1430円
過去問ダイレクトナビ **物理・化学** 資格試験研究会編●定価1430円	過去問ダイレクトナビ **生物・地学** 資格試験研究会編●定価1430円

一般知能分野を学ぶ

一般知能分野の問題は一見複雑に見えますが、実際にはいくつかの出題パターンがあり、それに対する解法パターンが存在しています。基礎から学べるテキスト、解説が詳しい初学者向けの問題集、実戦的なテクニック集などで、さまざまな問題に取り組みましょう。

標準 判断推理 [改訂版] 田辺 勉著●定価2310円	**標準 数的推理** [改訂版] 田辺 勉著●定価2200円
判断推理がわかる!新・解法の玉手箱 資格試験研究会編●定価1760円	**数的推理がわかる!新・解法の玉手箱** 資格試験研究会編●定価1760円
判断推理 必殺の解法パターン [改訂第2版] 鈴木清士著●定価1320円	**数的推理** 光速の解法テクニック [改訂版] 鈴木清士著●定価1175円
文章理解 すぐ解ける〈直感ルール〉ブック [改訂版] 瀧口雅仁著●定価1980円	公務員試験 **無敵の文章理解メソッド** 鈴木鋭智著●定価1540円

年度版の書籍については、当社ホームページで価格をご確認ください。https://www.jitsumu.co.jp/

短期集中

公務員試験の頻出テーマを「超」コンパクトに要「約」した超約シリーズ。知識のインプットと問題演習のアウトプットをこの1冊で。重要テーマに絞って効率よく学習を進められます。

地方公務員 寺本康之の超約ゼミ [大卒教養試験] 過去問題集	地方公務員 寺本康之の超約ゼミ ここだけ！ 時事&知識分野
寺本康之・松尾敦基著●定価1760円	寺本康之著●定価1430円

重要科目の基本書

公務員試験に出る専門科目について、初学者でもわかりやすく解説した基本書の各シリーズ。「はじめて学ぶシリーズ」は、豊富な図解で、難解な専門科目もすっきりマスターできます。

はじめて学ぶ 政治学	はじめて学ぶ 国際関係 [改訂版]
加藤秀治郎著●定価1175円	高瀬淳一著●定価1320円
はじめて学ぶ ミクロ経済学 [第2版]	はじめて学ぶ マクロ経済学 [第2版]
幸村千佳良著●定価1430円	幸村千佳良著●定価1540円

どちらも公務員試験の最重要科目である経済学と行政法を、基礎から応用まで詳しく学べる本格的な基本書です。大学での教科書採用も多くなっています。

経済学ベーシックゼミナール	経済学ゼミナール 上級編
西村和雄・八木尚志共著●定価3080円	西村和雄・友田康信共著●定価3520円
新プロゼミ行政法	
石川敏行著●定価2970円	

苦手意識を持っている受験生が多い科目をピックアップして、初学者が挫折しがちなところを徹底的にフォロー！　やさしい解説で実力を養成する入門書です。

最初でつまずかない経済学 [ミクロ編][改訂版]	最初でつまずかない経済学 [マクロ編][改訂版]
村尾英俊著●定価2200円	村尾英俊著●定価2200円
最初でつまずかない民法Ⅰ [総則/物権担保物権][改訂版]	最初でつまずかない民法Ⅱ [債権総論・各論家族法][改訂版]
鶴田秀樹著●定価2200円	鶴田秀樹著●定価2200円
最初でつまずかない行政法	最初でつまずかない数的推理
吉田としひろ著●定価1870円	佐々木淳著●定価1870円

基本問題中心の過去問演習書

実力派講師が効率的に学習を進めるコツや素早く正答を見抜くポイントを伝授。地方上級・市役所・国家一般職[大卒]試験によく出る基本問題を厳選し、サラッとこなせて何度も復習できる構成なので重要科目の短期攻略も可能！　初学者&直前期対応の実戦的な過去問トレーニングシリーズです。
※本シリーズは『スピード解説』シリーズを改訂して、書名を変更したものです。

★公務員試験「集中講義」シリーズ　　　　資格試験研究会編●定価1650円

集中講義！判断推理の過去問	集中講義！数的推理の過去問
資格試験研究会編　結城順平執筆	資格試験研究会編　永野龍彦執筆
集中講義！図形・空間把握の過去問	集中講義！資料解釈の過去問
資格試験研究会編　永野龍彦執筆	資格試験研究会編　結城順平執筆
集中講義！文章理解の過去問	
資格試験研究会編　饗庭悟執筆	
集中講義！憲法の過去問	集中講義！行政法の過去問
資格試験研究会編　鶴田秀樹執筆	資格試験研究会編　吉田としひろ執筆
集中講義！民法Ⅰの過去問 [総則/物権担保物権]	集中講義！民法Ⅱの過去問 [債権総論・各論家族法]
資格試験研究会編　鶴田秀樹執筆	資格試験研究会編　鶴田秀樹執筆
集中講義！政治学・行政学の過去問	集中講義！国際関係の過去問
資格試験研究会編　近裕一執筆	資格試験研究会編　高瀬淳一執筆
集中講義！ミクロ経済学の過去問	集中講義！マクロ経済学の過去問
資格試験研究会編　村尾英俊執筆	資格試験研究会編　村尾英俊執筆

選択肢ごとに問題を分解し、テーマ別にまとめた過去問演習書です。見開き2ページ完結で読みやすく、選択肢問題の「引っかけ方」が一目でわかります。「暗記用赤シート」付き。

一問一答 スピード攻略 社会科学	一問一答 スピード攻略 人文科学
資格試験研究会編●定価1430円	資格試験研究会編●定価1430円

地方上級／国家総合職・一般職・専門職試験に対応した過去問演習書の決定版が、さらにパワーアップ！ 最新の出題傾向に沿った問題を多数収録し、選択肢の一つひとつまで検証して正誤のポイントを解説。強化したい科目に合わせて徹底的に演習できる問題集シリーズです。

★公務員試験「新スーパー過去問ゼミ7」シリーズ
◎教養分野
資格試験研究会編●定価1980円

新スーパー過去問ゼミ7 **社会科学** [政治／経済／社会]	新スーパー過去問ゼミ7 **人文科学** [日本史／世界史／地理／思想／文学・芸術]
新スーパー過去問ゼミ7 **自然科学** [物理／化学／生物／地学／数学]	新スーパー過去問ゼミ7 **判断推理**
新スーパー過去問ゼミ7 **数的推理**	新スーパー過去問ゼミ7 **文章理解・資料解釈**

◎専門分野
資格試験研究会編●定価2090円

新スーパー過去問ゼミ7 **憲法**	新スーパー過去問ゼミ7 **行政法**
新スーパー過去問ゼミ7 **民法Ⅰ** [総則／物権／担保物権]	新スーパー過去問ゼミ7 **民法Ⅱ** [債権総論・各論／家族法]
新スーパー過去問ゼミ7 **刑法**	新スーパー過去問ゼミ7 **労働法**
新スーパー過去問ゼミ7 **政治学**	新スーパー過去問ゼミ7 **行政学**
新スーパー過去問ゼミ7 **社会学**	新スーパー過去問ゼミ7 **国際関係**
新スーパー過去問ゼミ7 **ミクロ経済学**	新スーパー過去問ゼミ7 **マクロ経済学**
新スーパー過去問ゼミ7 **財政学**	新スーパー過去問ゼミ7 **経営学**
新スーパー過去問ゼミ7 **会計学** [択一式／記述式]	新スーパー過去問ゼミ7 **教育学・心理学**

受験生の定番「新スーパー過去問ゼミ」シリーズの警察官・消防官（消防士）試験版です。大学卒業程度の警察官・消防官試験と問題のレベルが近い市役所（上級）・地方中級試験対策としても役に立ちます。

★大卒程度「警察官・消防官 新スーパー過去問ゼミ」シリーズ
資格試験研究会編●定価1650円

警察官・消防官 新スーパー過去問ゼミ **社会科学** [改訂第3版] [政治／経済／社会・時事]	警察官・消防官 新スーパー過去問ゼミ **人文科学** [改訂第3版] [日本史／世界史／地理／思想／文学・芸術／国語]
警察官・消防官 新スーパー過去問ゼミ **自然科学** [改訂第3版] [数学／物理／化学／生物／地学]	警察官・消防官 新スーパー過去問ゼミ **判断推理** [改訂第3版]
警察官・消防官 新スーパー過去問ゼミ **数的推理** [改訂第3版]	警察官・消防官 新スーパー過去問ゼミ **文章理解・資料解釈** [改訂第3版]

一般知識分野の要点整理集のシリーズです。覚えるべき項目は、付録の「暗記用赤シート」で隠すことができるので、効率よく学習できます。「新スーパー過去問ゼミ」シリーズに準拠したテーマ構成になっているので、「スー過去」との相性もバッチリです。

★上・中級公務員試験「新・光速マスター」シリーズ
資格試験研究会編●定価1320円

新・光速マスター **社会科学** [改訂第2版] [政治／経済／社会]	新・光速マスター **人文科学** [改訂第2版] [日本史／世界史／地理／思想／文学・芸術]
新・光速マスター **自然科学** [改訂第2版] [物理／化学／生物／地学／数学]	

過去問演習を通して実戦力を養成

要点整理＋理解度チェック

近年の過去問の中から約500問(大卒警察官、大卒・高卒消防官は約350問)を精選。実力試しや試験別の出題傾向、レベル、範囲等を知るために最適な過去問＆解説集で最新の出題例も収録しています。

★公務員試験 「合格の500」シリーズ [年度版] ●資格試験研究会編

国家総合職 教養試験過去問500	地方上級 教養試験過去問500
国家総合職 専門試験過去問500	地方上級 専門試験過去問500
国家一般職[大卒] 教養試験過去問500	東京都・特別区[I類] 教養・専門試験過去問500
国家一般職[大卒] 専門試験過去問500	市役所上・中級 教養・専門試験過去問500
国家専門職[大卒] 教養・専門試験過去問500	大卒警察官 教養試験過去問350
大卒・高卒 消防官 教養試験過去問350	

短期間で効率のよい受験対策をするために、実際の試験で問われる「必須知識」の習得と「過去問演習」の両方を20日間で終了できるよう構成した「テキスト＋演習書」の基本シリーズです。20日間の各テーマには、基礎事項確認の「理解度チェック」も付いています。

★上・中級公務員試験 「20日間で学ぶ」シリーズ

◎教養分野
資格試験研究会編●定価1430円

| 20日間で学ぶ 政治・経済の基礎 [改訂版] | 20日間で学ぶ 日本史・世界史[文学・芸術]の基礎 [改訂版] |
| 20日間で学ぶ 物理・化学[数学]の基礎 [改訂版] | 20日間で学ぶ 生物・地学の基礎 [改訂版] |

◎専門分野
資格試験研究会編●定価1540円

| 20日間で学ぶ 憲法の基礎 [改訂版] 長尾一紘 編著 | 20日間で学ぶ 国際関係の基礎 [改訂版] 高瀬淳一 編著 |

国家一般職[大卒]・総合職、地方上級などの技術系区分に対応。「技術系スーパー過去問ゼミ」は頻出テーマ別の構成で、問題・解説に加えてポイント整理もあり体系的理解が深まります。「技術系〈最新〉過去問」は近年の問題をNo.順に全問掲載し、すべてに詳しい解説を付けています。

★上・中級公務員「技術系スーパー過去問ゼミ」シリーズ

技術系新スーパー過去問ゼミ 工学に関する基礎 (数学/物理) 資格試験研究会編 丸山大介執筆●定価3300円	技術系新スーパー過去問ゼミ 土木 資格試験研究会編 丸山大介執筆●定価3300円
技術系新スーパー過去問ゼミ 化学 資格試験研究会編●定価3300円	技術系新スーパー過去問ゼミ 電気・電子・デジタル 資格試験研究会編●定価3300円
技術系新スーパー過去問ゼミ 機械 資格試験研究会編 土井正好執筆●定価3300円	技術系新スーパー過去問ゼミ 農学・農業 資格試験研究会編●定価3300円
技術系新スーパー過去問ゼミ 土木 [補習編] 資格試験研究会編 丸山大介執筆●定価2970円	

★技術系〈最新〉過去問シリーズ [隔年発行]

| 技術系〈最新〉過去問 工学に関する基礎 (数学/物理) 資格試験研究会編 | 技術系〈最新〉過去問 土木 資格試験研究会編 |

年度版の書籍については、当社ホームページで価格をご確認ください。https://www.jitsumu.co.jp/

[受験ジャーナル]

受験ジャーナルは、日本で唯一の公務員試験情報誌です。各試験の分析や最新の採用情報、合格体験記、実力を試す基礎力チェック問題など、合格に不可欠な情報をお届けします。年間の発行計画は下表のとおりです（令和6年5月現在）。

定期号	発売予定日	特 集 等
7年度試験対応 **vol.1**	令和6年10月1日 発売予定	特集1：若手職員座談会 特集2：判断推理・数的推理を得意にする方法 特集3：合格への必勝レシピ 徹底分析：国家総合職，東京都，特別区
7年度試験対応 **vol.2**	令和6年11月1日 発売予定	特集1：SPI&SCOA攻略法 特集2：論文・面接にも役立つ　行政課題の最前線 地方上級データバンク①：東日本 徹底分析：国家一般職
7年度試験対応 **vol.3**	令和7年1月1日 発売予定	特集1：残り半年からの合格メソッド 特集2：面接必勝キーワード10 地方上級データバンク②：西日本 徹底分析：国家専門職，裁判所
7年度試験対応 **vol.4**	令和7年2月1日 発売予定	特集：地方上級 暗記カード：教養
7年度試験対応 **vol.5**	令和7年3月1日 発売予定	特集1：時事予想問題 特集2：論文対策 特集3：合格体験記に学ぶ 暗記カード：専門
7年度試験対応 **vol.6**	令和7年4月1日 発売予定	巻頭企画：直前期にやること・やめること 特集：市役所

特別企画	発売予定	内 容 等
特別企画① **学習スタートブック** 7年度試験対応	令和6年6月上旬 発売	●合格体験記から学ぼう　　●公務員試験Q&A ●学習プラン&体験記 ●教養試験・専門試験 合格勉強法&オススメ本 ●論文&面接試験の基礎知識　●国家公務員・地方公務員試験ガイダンス
特別企画② **公務員の仕事入門ブック** 7年度試験対応	令和6年7月中旬 発売予定	●見たい! 知りたい! 公務員の仕事場訪問 ●国家公務員の仕事ガイド ●地方公務員の仕事ガイド ●スペシャリストの仕事ガイド
特別企画③ **7年度 直前対策ブック**	令和7年2月中旬 発売予定	●直前期の攻略ポイント　●丸ごと覚える 最重要定番データ ●最新白書 早わかり解説&要点チェック ●新法・改正法 法律時事ニュース ●教養試験・専門試験の「出る文」チェック　等
特別企画④ **7年度 面接完全攻略ブック**	令和7年3月中旬 発売予定	●個別面接シミュレーション　●面接対策直前講義　●面接カードのまとめ方 ●合格者の面接再現&体験記　●個別面接データバンク ●集団討論・グループワーク　●官庁訪問 ●[書き込み式] 定番質問回答シート
特別企画⑤ **7年度 直前予想問題**	令和7年3月下旬 発売予定	●地方上級 教養試験 予想問題 ●市役所　教養試験 予想問題 ●地方上級 専門試験 予想問題 ●市役所　専門試験 予想問題

別冊	発売予定	内 容 等
7年度 **国立大学法人等職員 採用試験攻略ブック**	令和6年12月上旬 発売予定	●「これが私の仕事です」 ●こんな試験が行われる! ●過去問を解いてみよう! ●7年度予想問題

[公務員受験BOOKS]

高卒程度・社会人試験向け

実務教育出版では、高校卒業程度の公務員試験、社会人試験向けのラインナップも充実させています。あなたの学習計画に適した書籍を、ぜひご活用ください。

人気試験の入門書

何から始めたらよいのかわからない人でも、どんな試験が行われるのか、どんな問題が出るのか、どんな学習が有効なのかが1冊でわかる入門ガイドです。

★「公務員試験早わかりブック」シリーズ [年度版] ●資格試験研究会編

高校卒で受けられる**公務員試験** 早わかりブック
[国家一般職（高卒）・地方初級・市役所初級等] [非年度版]

社会人が受けられる**公務員試験** 早わかりブック

職務基礎力試験 BEST 早わかり予想問題集

地方公務員 **寺本康之の超約ゼミ** [高卒/社会人試験] 過去問題集

過去問演習で実力アップ

近年の出題傾向を徹底的に分析し、よく出る問題を厳選した過去問演習シリーズ。国家一般職［高卒・社会人］・地方初級を中心に高卒程度警察官・消防官などの初級公務員試験に対応しています。

★[高卒程度・社会人] 初級スーパー過去問ゼミ シリーズ 資格試験研究会編●定価1650円

初級スーパー過去問ゼミ **社会科学** [政治/経済/社会]

初級スーパー過去問ゼミ **人文科学** [日本史/世界史/地理/倫理/文学・芸術/国語]

初級スーパー過去問ゼミ **自然科学** [物理/化学/生物/地学/数学]

初級スーパー過去問ゼミ **判断推理**

初級スーパー過去問ゼミ **数的推理**

初級スーパー過去問ゼミ **適性試験**

初級スーパー過去問ゼミ **文章理解・資料解釈**

要点整理集

近年の出題傾向を徹底的に分析し、よく出るポイントを厳選してコンパクトにまとめた要点整理シリーズ。「初級スーパー過去問ゼミ」と併用して、すき間時間に知識の定着を図りましょう。

★[高卒程度・社会人] らくらく総まとめシリーズ 資格試験研究会編●定価1430円

らくらく総まとめ **社会科学** [政治/経済/社会]

らくらく総まとめ **人文科学** [日本史/世界史/地理/倫理/文学・芸術/国語]

らくらく総まとめ **自然科学** [物理/化学/生物/地学/数学]

らくらく総まとめ **判断・数的推理**

らくらく総まとめ **面接・作文**

試験別過去問集

近年の出題傾向を示す過去問を選りすぐり、試験別に約350問を収録。全問に詳しい解説を掲載していますので、繰り返しチャレンジすることで理解度が深まります。

★公務員試験 **合格の350シリーズ** [年度版] ●資格試験研究会編

国家一般職[高卒・社会人] 教養試験 **過去問350**

地方初級 教養試験 **過去問350**

高卒警察官 教養試験 **過去問350**

大卒・高卒 消防官 教養試験 **過去問350**

基本書/短期攻略本

初級公務員試験 **よくわかる判断推理** 田辺 勉著●定価1320円

初級公務員試験 **よくわかる数的推理** 田辺 勉著●定価1320円

初級公務員 **一般知識らくらくマスター** 資格試験研究会編●定価1320円

高卒程度公務員 **完全攻略問題集** [年度版] 麻生キャリアサポート監修 資格試験研究会編

★国家一般職[高卒]・地方初級 **速習ワークシリーズ** 資格試験研究会編●定価968円

教養試験 **知識問題30日間速習ワーク**

教養試験 **知能問題30日間速習ワーク**

適性試験20日間速習ワーク

年度版の書籍については、当社ホームページで価格をご確認ください。https://www.jitsumu.co.jp/